# CONSELHO NÃO É TERAPIA

MATHEUS VAZ

# CONSELHO NÃO É TERAPIA

Uma conversa bem-humorada com um psicólogo sobre relacionamentos e afins

academia

*Preparação:* Mariana Gomes
*Revisão:* Fernanda França a e Bonie Santos
*Projeto gráfico e diagramação:* Gisele Baptista de Oliveira
*Capa:* Camila Catto
*Ilustrações:* Carol Ito

**DADOS INTERNACIONAIS DE CATALOGAÇÃO NA PUBLICAÇÃO (CIP)**
**ANGÉLICA ILACQUA CRB-8/7057**

Vaz, Matheus
Conselho não é terapia / Matheus Vaz. -- São Paulo : Planeta do Brasil, 2025.
192 p.

ISBN 978-85-422-3854-9

1. Desenvolvimento pessoal I. Título

25-3921 CDD 158.1

Índice para catálogo sistemático:
1. Desenvolvimento pessoal

MISTO
Papel | Apoiando o manejo florestal responsável
FSC® C112738

Ao escolher este livro, você está apoiando o manejo responsável das florestas do mundo

2025
Todos os direitos desta edição reservados à
Editora Planeta do Brasil Ltda.
Rua Bela Cintra, 986, 4º andar – Consolação
São Paulo – SP – 01415-002
www.planetadelivros.com.br
faleconosco@editoraplaneta.com.br

A todos os novos profissionais – os que estão entrando agora na faculdade ou os que estão saindo dela com o diploma na mão e frio na barriga.

A quem já sentiu medo de que a profissão virasse um sobrenome e apagasse o resto.

A quem, em silêncio, se perguntou se para ser bom no que faz precisaria abrir mão de ser quem é.

Escrevi este livro como um lembrete de que dá, sim, para ser você. Com todas as suas camadas, contradições e cores. Porque a profissão é só uma parte – importante, mas não a única – de quem você é.

Somos múltiplos demais pra caber em um crachá ou em apenas uma definição.

E é justamente sendo inteiro que você se torna um profissional melhor.

Este livro é pra você.

## SUMÁRIO

# APRESENTAÇÃO

Eu costumava ser aquele amigo prestativo e conselheiro, sempre fui. Confesso que, às vezes, até pecava pelo excesso. Era direto demais, a ponto de magoar algumas pessoas. As palavras simplesmente saíam da minha boca, e aí, pronto, ou resolvia de vez ou perdia a amizade. Havia quem colocasse a culpa no meu signo de fogo: áries. *Arianjo* para alguns, *satanáries* para outros. Tudo dependia do contexto que permeava a vida de quem me escutava. Outros atribuíam essa sinceridade à personalidade ímpar de um sujeito que vendia praticidade porque também precisou se reinventar.

E talvez fosse uma junção de tudo.

Precisei acreditar que, quando a vida nos cobra um excesso de racionalidade para mudar a realidade na qual vivemos, a emoção passa a ser privilégio de quem a pode sentir.

Sempre fui o amigo que falava o que todo mundo estava pensando, mas ninguém tinha coragem de dizer. O aluno que apresentava a reclamação da turma, e que também se ferrava sozinho por isso. O tipo de pessoa que dá um puxão de orelha na hora certa e manda acordar para a vida. E, sinceramente, eu sempre achei que esse era o papel de quem realmente quer ver o outro crescer. Dizer aquilo que os outros receiam dizer, mas que traz uma percepção mais ampla do que acontece, o que às vezes nos salva de grandes furadas. Nesse aspecto, sou aquilo que eu espero que sejam pra mim.

Para respeitar a linha tênue entre a intromissão e o "meu ponto de vista", passei a *sempre* perguntar se o outro queria saber minha opinião. Isso porque também acredito que amigo é aquele que respeita o tempo e as decisões de cada um. Nem sempre a pessoa que amamos vai fazer o que queremos ou achamos ser melhor para ela, e isso também diz muito sobre o nível de profundidade e lealdade que se tem com o outro.

Então, talvez por todas essas razões, a praticidade acabou assumindo o controle na minha construção de ideais afetivos, para que as demandas emocionais pudessem acontecer de maneira mais pragmática e conclusiva. Até porque, depois, entendi que nosso bem mais valioso – o *nosso tempo* – não deve ser desperdiçado a qualquer custo.

De maneira bastante direta, mas sem perder o bom humor e todas as nuances que envolvem os relacionamentos, este livro-conselheiro falará de amor, amizade, família, autoconhecimento... e de como você pode se relacionar melhor com os outros e consigo mesmo, mantendo quem lhe quer bem por perto (e quem não, bem longe!). Imagine que nos conhecemos há mais de vinte anos, ou que acabamos de nos conhecer no banheiro de uma balada. De toda forma, temos muito sobre o que falar.

SE
CONSELHO
FOSSE
BOM,
NÃO
SE DAVA,
VENDIA

Psicologia é a ciência que estuda e analisa o comportamento do indivíduo. A palavra vem do grego – "*psique*" significa alma ou mente, enquanto "*logos*" significa estudo ou compreensão.

Contrariando as crenças de muitos, minha primeira grande referência sobre o ato da análise comportamental não foi um dos grandes teóricos e filósofos do mundo. Na verdade, sequer precisei sair de onde passava as férias de dezembro. Quando criança, no interior de Minas Gerais, em um distrito com menos de dois mil habitantes batizado de Penha do Capim, observava uma mulher chamada Maria Isabel, minha avó, que, com nove filhos e tantos outros netos, mostrava na prática o que era psicologia.

Ela foi, sem dúvida alguma, uma das maiores referências que tive. Falava da vida com uma sabedoria tão simples, mas ao mesmo tempo tão profunda, que era impossível não parar para ouvi-la. Com seu olhar singelo, minha avó conseguia enxergar a própria história, entre erros e acertos, e compartilhá-la com quem estivesse ao seu lado.

Eu me lembro de me sentar com ela por horas e ter conversas que eram mais profundas e esclarecedoras do que muitas aulas, repletas de teorias, às quais assisti ao longo da minha formação. O curioso de tudo isso é que minha avó era analfabeta, aprendeu a assinar o próprio nome pouco antes de partir, e isso, para a realidade à qual ela pertencia, foi revolucionário.

Ela teve que aprender com a vida tudo o que sabia sobre o comportamento humano. Sem livros, sem diplomas, mas com algo muito poderoso: a experiência da vida real.

Dentro de suas possibilidades, ela sabia o que era viver, o que era se relacionar com as pessoas, com as dificuldades, com os prós e os contras. Com meu olhar de neto admirado, percebo que ela entendeu, mais do que muitos outros, que a psicologia está não apenas nos livros, mas na maneira como nos relacionamos uns com os outros, com a vida e, consequentemente, com nós mesmos.

Então, para mim, psicologia é isto: o estudo do comportamento humano, mas, acima de tudo, a capacidade de se observar, de aprender com os próprios erros e com a maneira recorrente de atuar em relação a alguma coisa. Até porque, antes de tentar entender o outro, é preciso entender a si mesmo. Um indivíduo que se analisa de fora consegue ter mais bagagem de conhecimento ao se apresentar para o outro, e não tem nada mais potente para nosso crescimento do que esse processo de autorreflexão.

E isso dona Maria Isabel já colocava em prática por instinto.

ANTES DE TENTAR ENTENDER O OUTRO E DECIFRÁ-LO, É PRECISO ENTENDER A SI MESMO.

"SERÁ QUE É PARA MIM?"

Conversas bem pontuadas e situações bem esclarecidas são dois dos meus fetiches. Assim, é importante deixar uma coisa bem clara: este livro não é para todo mundo.

É para aquelas pessoas que estão realmente dispostas a confrontar a si mesmas e a dar o próximo passo no próprio crescimento. Para quem está disposto a parar de se enganar e a encarar a vida de frente, sem rodeios e sem desculpas. Aqui, a proposta é que, através da leitura e da reflexão, possamos observar e questionar a nós mesmos em relação à fase de vida em que estamos e ao nível de autorresponsabilidade que temos com isso.

Mas não espere que aqui você vá se imaginar num divã, com um psicólogo formal à sua frente, tecendo citações acadêmicas e usando camisa social em uma sessão de terapia. Neste livro, eu me dei licença poética. Aqui, não sou apenas meu título profissional e minha bagagem teórica. Nestas páginas, eu me permiti externalizar aquela versão que as pessoas mais próximas gostam de ver. Aquele que, para além da formação acadêmica, também é um cara que ainda vive com as próprias questões e inseguranças, mas que procura manusear com coragem o dever de enfrentá-las. Pois acredito que é aprendendo que conseguimos, por fim, ensinar.

Por isso, imagine-se com um amigo num bar de esquina, com um copo americano de cerveja na mão. Agora o papo é coisa de gente íntima.

Às vezes, um bom amigo com um conselho, sem o filtro do ponderamento, nos apresenta a chave que precisamos virar para encontrar a saída de um círculo vicioso.

E é sempre bom lembrar: nenhum livro de autoajuda substitui o acompanhamento psicoterápico. Auxílios não substituem a análise de nossa própria história.

Tem **CONSELHO** que é bom, mas **NÃO É TERAPIA!**

AUXÍLIOS NÃO SUBSTITUEM A ANÁLISE DE NOSSA PRÓPRIA HISTÓRIA.

NÃO É
PORQUE
É UMA
ZONA DE
CONFORTO
QUE
NECESSARIAMENTE
SERÁ
CONFORTÁVEL

Tem coisa que seguramos por tanto tempo que até parece boa. A tal da zona de conforto é um exemplo disso. O nome engana: parece um lugar quentinho, seguro, onde tudo está sob controle. Só que não. Na real, muitas vezes é o oposto. É aquele espaço cujo terreno você já conhece, sabe onde pisa, mas... está travado, girando no mesmo quintal, pilotando no automático.

Sabe aquele sapato apertado que você insiste em usar porque acha bonito ou porque já se acostumou com ele? No começo, você sente um incômodo leve. Com o tempo, o pé começa a doer, mas você finge que está tudo certo.

A dor vira parte da rotina. Só que chega uma hora que não dá mais para ignorar. E quando você enfim tira o sapato, percebe o alívio que é andar sem dor. Aí, vem o questionamento: "Por que eu aguentei isso por tanto tempo?". A zona de conforto é esse sapato apertado. Você se acostuma com o que incomoda, acha que é normal, mas, no fundo, está só se machucando.

E aí eu pergunto a você: Precisa? Precisa mesmo? Com aquela sapateira cheia de opções... só dá para usar esse tamanquinho?

Está na hora de se perguntar: "Isto aqui está realmente confortável ou eu só me acostumei com o importuno?".

Às vezes, o que você chama de conforto é só medo disfarçado de segurança, e viver assim é perder a chance de descobrir tudo o que se pode ter do outro lado das escolhas.

O desconforto do crescimento é passageiro. O da estagnação, talvez não. Até porque, vamos ser sinceros? É muito mais fácil se acomodar e viver empurrando com a barriga do que mudar. Ninguém precisa de coragem para ficar onde está.

Claro que mudar, se reinventar, requer uma firmeza que nem todo mundo tem ainda. E por essa razão é importante que, ao se identificar

com isso, você ao menos a cobice. E isso começa de maneira simples: respeitando o desejo de ser verdadeiro, tomando a decisão de se olhar no espelho e assumir, de fato, quem você é. A partir de então, ao se apresentar a si mesmo, verá o que está em desacordo com quem você quer ser. Temos receio de nos olhar no espelho com a profundidade que vai além da estética por causa do medo de perceber que vivemos uma vida que não é nossa, e o pior, que não adianta mais culpar o mundo inteiro por não estarmos onde queremos.

O maior problema é notar que, quando não temos a coragem de fazer esse movimento, corremos o risco de a vida passar e não entendermos a que viemos, o que queríamos ou o que poderia ter sido.

Até mesmo porque é preciso entender que se não formos responsáveis por nossas escolhas, alguém acabará sendo. Aí, depois, adianta reclamar da pizza de rúcula se na hora do pedido você disse "tanto faz"?

SE VOCÊ FOSSE
BOM EM BUSCAR
SOLUÇÕES
COMO É BOM
EM BUSCAR
DESCULPAS,
TALVEZ AS COISAS
ESTIVESSEM
MELHORES
PARA O SEU LADO

Tem gente que é mestre em dar desculpas. O time perdeu? "Ah, foi porque o juiz foi contra!" O projeto não deu certo? "O cliente não soube entender a ideia!" A culpa nunca é de quem tá no comando. Se a vida não vai bem, sempre há outro culpado. E o mais curioso? Essas mesmas pessoas são ótimas em arranjar justificativas – e péssimas em buscar soluções.

Mas a verdade é que, se você fosse tão bom em arrumar soluções quanto é em arranjar desculpas, as coisas já estariam bem diferentes. Quando você se acostuma a sempre terceirizar a culpa, está dando um tiro no próprio pé.

A quem acha que está enganando? Você perde o controle e começa a se enxergar como vítima de uma situação com a qual, na maioria das vezes, contribuiu.

O problema não é que as coisas deram errado. O problema é que, em vez de aprender com os erros, você decide se blindar da própria responsabilidade. Quando nos enrolamos em desculpas, não sobra tempo para agir. Em vez de olhar para a frente e tentar fazer diferente, nós nos prendemos ao passado, nos escondendo atrás de justificativas. Isso quando não nos agarramos a uma narrativa de algo que aconteceu há anos para validar nossas não decisões.

Claro que a culpa é toda daquela pessoa que, lá em 2006, sacaneou você e te fez sofrer, né? O fato de você ter parado no tempo não contribuiu em nada para esse marasmo que você vive.

No fim das contas, se você usasse ao menos metade da energia que coloca em justificar os erros, atuais ou passados, em encontrar soluções que te fariam progredir em qualquer aspecto, as coisas seriam bem menos maçantes ao seu redor. Porque a vida não vai esperar enquanto você faz de conta que não teve nada a ver com a história.

Então, vamos acordar para a vida? Enquanto você está ocupado demais apontando o dedo, o tempo está passando, e cada minuto que você gasta na busca de um vilão para sua história é um minuto a menos na construção de um caminho diferente e mais autêntico. E, às vezes, esse vilão é você mesmo, que se recusa a encarar a realidade e fazer o que precisa ser feito.

Acolher a própria história é diferente de se esconder atrás dela. Os traumas e as experiências ruins que lhe ocorreram não foram de sua responsabilidade, mas é sua responsabilidade tratá-los de agora em diante. Você deve isso a si mesmo!

E assumir responsabilidades não é peso, é liberdade, porque quando você entende que tem o controle, tudo muda, você deixa de ficar refém das circunstâncias ou das decisões alheias, para de esperar que o mundo se alinhe como você quer e começa a se movimentar. E quando se decide parar de justificar o que deu errado e focar o que pode dar certo, as coisas começam a andar.

A vida não vai perguntar quem foi o culpado; ela só vai seguir. O que você vai escolher: ficará parado no mesmo lugar, contando a mesma história repetidas vezes, ou se levantará e fará algo diferente por você?

Porque, no fim do dia, do mês ou do ano bissexto, ninguém vai viver sua vida no seu lugar. Ninguém vai resolver seus problemas enquanto você espera que as coisas se ajeitem sozinhas numa narrativa que o mantém totalmente estagnado.

VOCÊ TÁ GASTANDO ENERGIA BUSCANDO UMA SOLUÇÃO?
NÃO... PROCURANDO UMA DESCULPA!
CAROL ITO

# INVEJA DE QUÊ?

Há quem acredite viver num reality show. Qualquer coisinha que conquista já vem com um discurso pronto: "Ai, certeza que tão morrendo de inveja de mim!". Mal sabendo que, enquanto ela está preocupada com a suposta plateia invejosa, essa plateia está ocupada demais tentando pagar o cartão de crédito, resolver treta no trabalho ou decidir o que fazer para o jantar.

O problema não é só essa ilusão de estarmos sendo vigiados o tempo todo. O problema é que essa paranoia consome energia. Porque, quando você acredita que é invejado, começa a se proteger de um inimigo que talvez nem exista;

segura notícia boa, esconde conquista, pisa no freio quando poderia acelerar. E aí, no fim das contas, quem está sabotando sua vida não é a inveja dos outros... é você mesmo.

Pense bem: quantas vezes você já deixou de postar algo porque achou que iriam "secar" seu rolê? Quantas oportunidades já recusou porque tinha medo da energia negativa alheia? Quantos passos para a frente já evitou dar porque achou que alguém iria "puxar seu tapete"? Agora, me responde: quem realmente puxou esse tapete? Porque, pelo que parece, foi você mesmo.

Eu penso que essa obsessão com a suposta inveja vira uma desculpa confortável. Se você acredita que todo mundo está contra você, fica mais fácil justificar seus fracassos. "Não deu certo porque tem muita gente torcendo contra." "Não cresci porque tem olho gordo em cima." Será que tem mesmo? Ou será que essa crença o livra da responsabilidade de simplesmente tentar com honestidade?

A verdade é que ninguém está tão interessado assim na sua vida. Não é porque você comprou um celular novo que tem um bando de gente roendo as unhas de ódio. Não é porque você postou fotos de uma viagem que metade dos seus seguidores está chorando no banho.

No mundo real, as pessoas estão ocupadas demais lidando com as próprias crises existenciais.

Se seu medo de perder algo (que, às vezes, nem existe ainda) é mais potente do que seu desejo de conquistar aquilo, dificilmente você se alinhará de verdade com o que afirma esperar. Porque, convenhamos, quem se ocupa tanto na defesa de um ataque imaginário passa mais tempo aperfeiçoando a armadura do que jogando o jogo.

No fim das contas, a maior parte das pessoas não está nem aí para sua vida. E que bom. Quando nos damos a devida desimportância, findamos a ideia de sermos protagonistas na vida dos outros.

Isso não quer dizer que inveja não existe. Mas achar que cada um de seus pequenos passos está sendo monitorado e odiado por uma plateia secreta é só um jeito mais sofisticado de alimentar a ilusão da própria relevância.

Relaxe. Viva.

Poste. Fale.

Faça o que quiser.

E se alguém realmente se sentir incomodado com você e com a sua maneira de ser e existir, bom... aí já é um problema que precisa ser resolvido pela outra pessoa. E na terapia.

# SEM BODAS DE OURO

Se pararmos para pensar no contexto histórico do Brasil, a cultura do "juntos para sempre" teve um impacto gigantesco na nossa forma de nos relacionarmos com o outro. Senso de obrigatoriedade. O casamento era quase como um rito de passagem, especialmente para as mulheres; não tinha a ver somente com amor, mas também com como "chegar lá", como se fosse um item de uma lista de tarefas a ser cumprida como prova de que a vida estava nos trilhos, de que você tinha dado certo. Estar casado era um troféu de realização, algo necessário para que você fosse validado. E, sim, a pressão era forte, especialmente num meio que ainda tinha (e tem) uma visão tão rígida sobre o que é certo e errado quando o assunto é relacionamento.

Não sou contra casamento, uniões e afins; na verdade, também desejo me casar. Gosto da ideia de construir uma vida a dois, de se unir, compartilhar. A questão é que hoje não entendemos mais o casamento como única métrica de sucesso. Sabemos que sucesso é relativo ao ideal de cada um, e agora temos o poder de escolher, construir algo que faça sentido individual, sem seguir um roteiro predefinido.

Certa vez, numa roda de conversa despretensiosa, ouvi de um amigo algo sobre mim que fez total sentido e que carrego desde então: "O Matheus usa a própria vida como um laboratório".

Apesar de simples, essa frase me fez refletir profundamente. E concluí que sim, minha vida é o meu laboratório. Mas não um laboratório qualquer, no qual os experimentos são feitos de forma impessoal e distante. O meu laboratório é visceral, feito de pessoas, de encontros, relações, erros e acertos. Nele, aproveito tudo que vivenciei como matéria-prima de aprendizado, para transformar e, consequentemente, ensinar o outro.

CAROL ITO

# NEM QUALIDADE NEM DEFEITO: "EMOCIONADO" É CARACTERÍSTICA

Emocionado? Dessa conversa eu participo. Desde que me entendo por gente, sempre fui uma pessoa "emocionada" – entre aspas porque me parece uma nomenclatura atribuída àqueles que se entregam para aquilo em que acreditam a partir do olhar alheio. E, acredite, recebi o rótulo de emocionado ainda pequeno, por conta da maneira como me expressava e da minha intensidade em relação ao que eu amava.

Ainda na infância, já me via apaixonado por algumas coleguinhas (pelo menos era o que eu achava na época) e, por vezes, por alguns coleguinhas também. No mesmo período, minha sexualidade ainda era uma coisa abstrata, um mistério para mim, mas já dava sinais de que eu me importava com os outros e sentia de maneira diferente. E não tinha nada a ver com sexo. A primeira vez que me senti atraído por alguém do mesmo gênero se deu pelo cuidado que ele tinha comigo no recreio. Afinal, para mim, era um grande ato ele aceitar ficar perto de mim, já que a maioria dos meninos me repelia, justamente por eu ser como era... alegre demais, delicado demais, esquisito demais. Você deve imaginar.

Por isso, naquele momento parecia mais "fácil", e mais bem aceito, demonstrar afeto pelo carinho quando ele vinha de uma menina.

Lembro que, na terceira série, fiz um gesto que, para muitos, era apenas fofo, mas, para mim, representava o máximo da minha entrega emocional. Pedi à minha mãe para bordar o nome de uma colega de classe numa toalhinha de rosto e dei a ela com alguns sabonetes como presente de aniversário. Mesmo tendo recebido o agradecimento da aniversariante, ainda me recordo de ter sido um dos momentos mais constrangedores que vivi, com a zoação dos outros colegas. Eu quis me enfiar num buraco. No dia seguinte, menti que estava doente para não dar as caras na escola (sempre que me lembro disso, sinto vontade de abraçar aquele garotinho e dizer que não havia nada de errado com sua demonstração de afeto).

Anos depois, já terminando o ensino médio, encontrei aquela colega, e, para minha surpresa, ela se lembrava daquele gesto com muita consideração.

Na adolescência, em uma não relação, mandei flores para a menina na escola, mesmo sem ter um relacionamento definido, apenas muita conversa e idealizações. Minha única intenção era mostrar o quanto ela era especial. Mas, claro, foi um caos. Todo mundo achou estranho, exagerado. Mas, para mim, era só a maneira mais honesta de demonstrar e brindar o valor que eu atribuía à relação que construía com o outro.

Com o tempo, amadureci. Passei a entender que, apesar de ser uma pessoa intensa, não podia entregar essa intensidade para qualquer um. À medida que comecei a compreender minha sexualidade e minhas particularidades, me vi mais confortável para ser quem eu sou, sem me envergonhar do que antes era visto como um defeito ou uma fraqueza. Comecei a perceber que essa intensidade não precisava ser um fardo, algo que fosse diminuído para agradar os demais. Mas também aprendi a ser seletivo, a entender quem realmente merecia a minha entrega, independentemente da forma.

Aos 17 anos, por exemplo, namorei uma garota por quase três anos. Uma pessoa incrível, por quem fui extremamente apaixonado e não poupava nem um milímetro do afeto que tinha para dar. Eu estagiava numa empresa de energia elétrica, ganhava mal e mesmo assim fazia questão de surpreendê-la.

Fiz até nossa própria versão da música "Eduardo e Mônica", além de uma colagem numa conta de energia elétrica em branco dizendo o quanto nossa energia era especial. E tudo isso foi *super* bem recebido. Era recíproco. Eu me lembro de ter recebido uma carta dela dizendo que depois que começamos a namorar, por nossas noites serem muito especiais e irmos dormir tarde, ela havia passado a se atrasar para o trabalho e a receber algumas advertências do chefe, mas que ele só entenderia se me conhecesse. Foi uma das coisas mais lindas que já ouvi de alguém, há mais de onze anos, e nunca esqueci.

Acredito que esses pequenos gestos e demonstrações despretensiosas de quanto o outro é importante dizem muito sobre quem somos.

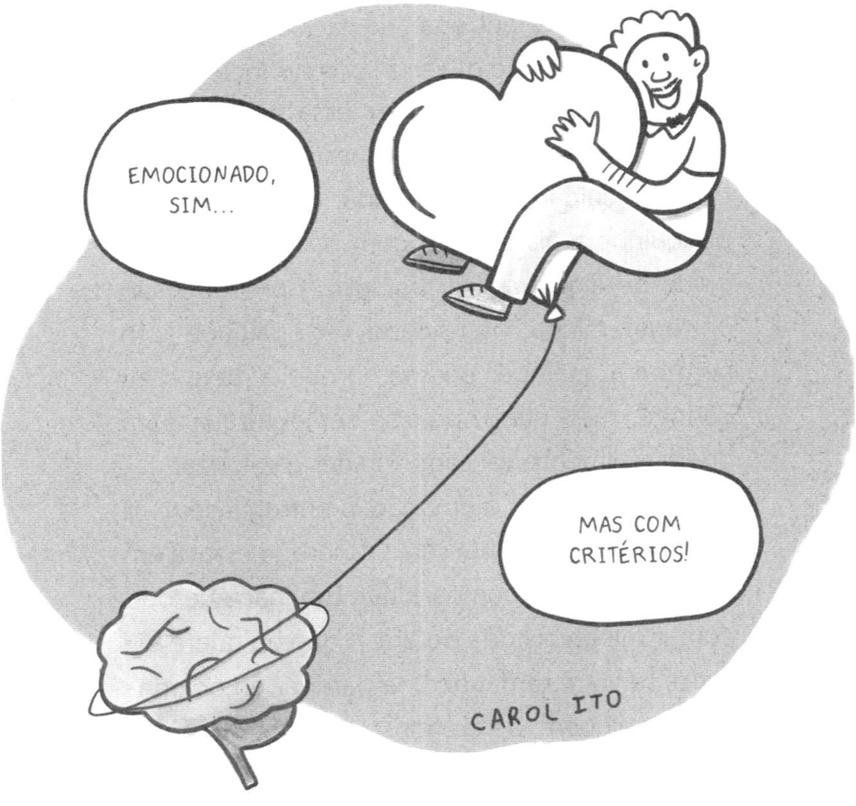
EMOCIONADO, SIM...
MAS COM CRITÉRIOS!
CAROL ITO

Eu sempre acreditei que é no detalhe que mora quem a gente realmente é.

Mas, como também é preciso prudência, à medida que me tornei adulto, algo mudou. Comecei a perceber que, embora eu tivesse essa capacidade de entregar muito de mim, havia momentos em que deveria ser mais lúcido, mais seletivo. Precisava proteger essa parte minha, que é tão bonita e que, ao mesmo tempo, precisa ser cuidada e respeitada. Hoje, tenho um pouquinho mais de zelo com isso, como quem cuida de algo frágil e precioso. Aprendi a não entregar minha intensidade de qualquer jeito nem para qualquer pessoa. O que é meu, meu carinho, meu afeto, precisa ser entregue para quem realmente vai saber cuidar e valorizar.

A intensidade, a emoção, a entrega, sempre foram partes de quem sou. O segredo estava em saber com quem compartilhar. E eu não quero só contar minha história bonita, o que eu quero dizer é: se você tem medo de parecer emocionado para alguém, de demonstrar afeto, ou até de se importar de um jeito que faz o outro se sentir especial, é porque, provavelmente, esse alguém não é para você. E vamos falar a real? Se você tem esse tipo de receio, o problema não está em você, mas em quem não sabe lidar com a sua intensidade e a reprime. São parâmetros diferentes para medir o afeto.

Sua intensidade não é defeito, mas também não é qualidade. É só uma característica. E é justamente por ser característica que o erro não está em ser intenso, e sim em insistir em algo que não é pra você.

Às vezes, a galera confunde carinho com exagero. Acha que, ao enviar uma mensagem perguntando se a pessoa está bem, mandar uma flor, ou tentar melhorar o dia de uma pessoa exausta, você está demonstrando um amor arrebatador, um "apaixonamento visceral", quando, na verdade, você está só sendo você.

Piora se essa tentativa de aproximação e demonstração é com alguém que está acostumado a ser maltratado ou negligenciado. Porque qualquer gesto mínimo de afeto vira um supersinal de você estar apaixonado. E o problema é que essa pessoa não sabe o que é ser tratada com respeito e carinho.

Por isso, se você tem medo de parecer emocionado para alguém, pergunte-se: "Essa pessoa está em um nível de desenvolvimento que me permite ser quem eu sou?".

Porque, se você precisa se diminuir para caber, correrá um grande risco de, ao se podar, abandonar partes extremamente importantes que fazem você ser quem é.

Quando tenta se ajustar ao padrão do outro, diminuindo a própria intensidade, você diz que o que você tem a oferecer é trivial, já que abriu mão do que o diferencia ao menor sinal de mudança. Porque, sejamos francos, se você está sendo alguém que não é, está só se afundando numa amizade ou num relacionamento fadado a ser superficial.

Então, por favor, não se contente com farelos de *quase sentimentos*. E, acima de tudo, não deixe que o façam sentir que suas emoções são um peso. Tem quem goste de você exatamente por essa não economia de amor.

Os emocionados se encontrarão.

Somos muitos, só estamos espalhados.

SE VOCÊ PRECISA
SE DIMINUIR PARA
CABER, CORRERÁ UM
GRANDE RISCO DE, AO
SE PODAR, ABANDONAR
PARTES EXTREMAMENTE
IMPORTANTES QUE
FAZEM VOCÊ SER
QUEM É.

MATEMÁTICA BÁSICA: ZERO × ZERO CONTINUA SENDO ZERO

Em casa de ferreiro, infelizmente, às vezes, o espeto é de pau mesmo. Um dos mitos mais comuns em que as pessoas acreditam é que psicólogos não têm problemas.

Olha, eu sofro com isso, viu? Me relacionar, então? Já perdi as contas de quantas vezes tive que responder que "não", eu não estava analisando a criatura candidata à vaga de novo *crush*. As pessoas leem qualquer mera opinião ou observação como uma análise profunda, baseada em Freud. Mas sinto decepcioná-lo: às vezes, é só fofoca ou palpite mesmo. Nós, psicólogos, passamos pelas mesmas questões que qualquer outro mero mortal. E não é porque conhecemos algumas técnicas e estudos da mente que estamos suscetíveis a transcender a experiência individual humana numa relação que sempre será única e subjetiva.

Em outras palavras: "Existindo, vamos fazer merda também".

Mas tento não me cobrar tanto por elas, procuro entender o tempo de cada coisa e também estou aprendendo a me relacionar. Como todo mundo.

Há pouco tempo, comecei a sair com um cara. Sabe aquele tipo a que atribuímos um peso positivo extra? Que, por algum motivo, decidimos ser mais especial do que realmente é? Pois bem. Cada coisinha que ele fazia eu tratava como um grande feito. Se ele me desse uma barrinha de chocolate, eu transformava isso num ato de afeto supremo. Guardava a caixinha na gaveta de lembranças e tudo, porque, para mim, ele tinha pensado minuciosamente nos detalhes de coração em volta dela – e ele tinha me dito que esperava que eu gostasse e que tinha sido um presente do trabalho que havia transferido para mim. Olha, sinceramente...

E quando ele vacilava (e olha que o bichinho era bom nisso), eu diminuía a proporção do incômodo. As pequenas demonstrações de atenção pareciam compensar todos os descuidos daquela máquina constante de vacilos. Só que tinha um detalhe: ele não fazia muita coisa de fato. Ele *quase* fazia.

Ele quase me ligou ontem.

Ele quase me comprou um presente.

Ele quase fez algo que mostrava que se importava.

Ele queria muito me levar para conhecer um lugar. Mas nunca efetivou o tal querer.

E fazia questão de dizer isso.

Por um tempo, eu aceitei que o quase fosse suficiente. Só que quase é o mesmo que nada.

Uma pessoa que quase mandou mensagem não sentiu saudade. Uma pessoa que quase compra um presente não comprou. Uma pessoa que quase faz algo por você não fez *nada*. E, no entanto, quantas vezes você engoliu esse quase como se fosse um gesto concreto e real? Eu, algumas.

A vida não é feita de intenções não executadas. Relacionamentos, muito menos. Eles são construídos sobre atitudes reais, diárias, consecutivas. Se alguém diz que pensou em você, mas não agiu, então a pessoa simplesmente não esteve presente, ponto. Precisamos parar de alimentar a ideia de que o quase é suficiente.

Não é. Se alguém acredita que só prometer já basta e já nos mantém interessados, a responsabilidade é nossa também. Porque aceitamos esse peso de vento enquanto lhe damos o peso de uma casa mobiliada com piscina.

Se recusar a aplaudir isso é o primeiro passo para que as pessoas à nossa volta saibam o valor que nos damos. E isso precisa ficar claro tanto para o outro quanto para nós mesmos.

E, bom, como eu, mesmo reincidente, aprendi que não vivo de quases – deslizo, mas logo me recomponho –, tratei de mandar o boy pastar. E a caixinha do chocolate? Joguei no lixo.

A VIDA NÃO
É FEITA DE
INTENÇÕES NÃO
EXECUTADAS.

# INTIMIDADE NÃO É LICENÇA PARA SER BABACA

Sabe aquela pessoa que é grossa com a mãe, com o parceiro, com os filhos, mas com o chefe é pura educação? Tipo um personagem de novela que tem duas personalidades: uma para o ambiente profissional e outra para a casa.

Curioso, né? Parece que o autocontrole só funciona quando tem algo em jogo.

E aí entra a pergunta: por que respeitamos mais quem pode nos demitir do que quem nos ama? A resposta é simples: porque acreditamos que quem nos ama não vai embora. Então a paciência que temos no trabalho, a gentileza que usamos com estranhos, a tolerância que aplicamos com colegas, tudo isso some quando lidamos com quem consideramos "garantido".

Mas deixa eu contar uma coisa para você: ninguém é garantido. O fato de alguém o amar não significa que essa pessoa seja um depósito infinito de paciência. Não significa que ela tem que engolir sua falta de educação. O tempo desgasta relações, e a maneira como você trata alguém define se esse desgaste será natural ou um caminho direto para a ruptura.

O problema do excesso de intimidade é que, muitas vezes, vem acompanhado de descuido. Você para de medir as palavras, de filtrar o tom, de ter aquele tato que manteria com qualquer outra pessoa. E aí, sem perceber, você começa a tratar justamente quem está sempre do seu lado da pior maneira possível.

Agora, pense comigo: se você consegue segurar a irritação com um chefe porque sabe que precisa, então também consegue fazer isso com seu parceiro, sua mãe, seus filhos. Respeito não é um botão que só funciona quando se tem algo a perder. Respeito é prática. E se você só respeita quem pode demiti-lo, talvez já esteja na hora de rever suas prioridades. Até porque, ao contrário do que você imagina, ninguém tem a obrigação de aguentar suas grosserias para sempre.

**Acorde.**

A LIBERDADE
OFENDE
QUEM VIVE
APRISIONADO
NA PRÓPRIA
NARRATIVA

Algo que me incomoda profundamente é como a maioria das pessoas encara a liberdade. Buscam liberdade, mas acabam se aprisionando ainda mais, como se só existissem o oito e o oitenta, e nada entre eles; preferem se limitar ao binário. Mas eu sou da opinião de que entre esses dois pontos existe um universo de possibilidades.

A verdadeira liberdade está nesse meio, na descoberta do que se pode ser, na experimentação, no não conformismo com as respostas fáceis e prontas. Quando alguém decide por um único caminho, sem abrir os olhos para o que mais há ao redor, a liberdade se torna uma gaiola disfarçada. E falo sobre isso com propriedade, porque já estive nesse lugar. Já busquei respostas que não existiam, soluções rápidas. Já procurei um caminho seguro para me proteger. Mas a vida não funciona assim. É preciso estar disposto a percorrer vários caminhos, aprender, crescer e, principalmente, errar. E, de novo, a coragem se faz necessária. Porque não é fácil ser quem você é, se abrir para o novo, quebrar normas e padrões que lhe foram impostos.

Eu sou romântico, sim. Sou intenso, apegado, e me permito sentir. Eu me entrego ao amor, às emoções. Não tenho medo disso, porque sei que o amor não é uma prisão, não é uma expectativa, mas é a liberdade de sermos quem somos, de estarmos com quem queremos estar, sem medo de nos mostrar vulneráveis. E quando vivemos isso, quando permitimos, o amor entra sem amarras, sem rótulos, e começamos a entender que ele não é o vilão.

O vilão é a nossa falta de entendimento sobre o que é e o que pode ser o amor. A verdade é que muitas pessoas têm medo do amor, o veem como um peso, uma responsabilidade, algo que vai cobrar algo delas. E essa é a parte difícil: se não nos permitirmos amar sem medo, sem nos preocupar com o futuro ou com as expectativas alheias, acabaremos nos fechando. E quando isso acontece, perdemos a chance de alcançar a plenitude, de viver a vida inteira, de realmente entender o que é o sentimento.

Se não nos abrimos para o nosso próprio eu, não importa o quanto tentamos nos enganar. Em janela fechada não entra poeira, mas também não entra brisa.

E, se nos fechamos para a vida, para o outro, não vemos as possibilidades nem as alternativas que a vida nos oferece. A cura vem da coragem de abrir as portas da nossa casa interior, de ser vulnerável, autêntico. É aí que a gente cresce. Não é fácil nem simples, mas é profundamente transformador.

Eu costumo dizer que o pior erro que se pode cometer é achar que já está curado, quando, na verdade, você está apenas se protegendo de novas feridas. Mas a questão é que, se nos fecharmos, vamos continuar na mesma. Vivendo com os mesmos medos, as mesmas limitações, as mesmas inseguranças. E, no fim, acabamos prisioneiros de nós mesmos. Mas a vida não foi feita para ser uma prisão, e sim uma jornada, uma aventura.

Então, vamos nos abrir para a brisa, para o novo. Vamos parar de nos esconder e enfrentar as nossas vulnerabilidades de frente. Porque é assim que a gente cresce.

AGORA TÔ PRONTO PRA ME RELACIONAR!
CAROL ITO

# AGORA JÁ ERA; NUNCA MAIS VOU ME RELACIONAR DE NOVO

Entendi. Então você não superou.

Acha mesmo que bloquear o acesso ao seu coração é a solução? Tem certeza de que se negar a sentir qualquer coisa por outra pessoa, deixar de esperar um carinho, é o suficiente para se curar? Meu bem, na real, isso não é superação, é só medo, bloqueio, egoísmo disfarçado de proteção. Você acha que superou, mas, na verdade, é refém do trauma e está tão preso ao que deu errado que, em vez de liberar espaço para algo novo, prefere ficar na zona de conforto da frustração. E sabe o que acontece? Você não protege seu coração, você apenas se priva de dar e receber afeto de verdade.

A frustração ficou tão no controle que, quando alguém aparece para somar genuinamente, você já manda para longe porque não se encaixa nas expectativas criadas por todo o sofrimento passado. Você não é forte por negar o amor. Você está sendo mimado por não querer lidar com os *nãos* que a vida deu a você, por se fechar para tudo que poderia fazer bem.

Superar não é se isolar, até mesmo porque somos seres relacionáveis. (Mas também não é pular de uma relação para a outra sem uma pausa para absorver o que se vivenciou por último.) Superar é se permitir. Para novas experiências, novas pessoas, novas possibilidades. Se você ficar trancado no passado, vai perder a chance de viver o presente. E o pior? Provavelmente vai perder o futuro.

Não foi a primeira nem será a última vez que você vai se decepcionar. É preciso lidar com isso, quer você queira, quer não. Não tem jeito. Todas as pessoas que estão vivas, em algum momento, vão se surpreender, positiva ou negativamente, com quem está ao redor. Isso é um fato, meu bem. De agora até o último suspiro, você vai se decepcionar com alguém. E a grande diferença é o quão preparado você estará para isso. Claro que você não tem que viver desconfiado de todo mundo, e sim entender que todas as pessoas são livres para fazer o que bem entenderem, mesmo que seja uma decepção para você.

As pessoas vêm e vão. Isso é inevitável. O que importa, o que realmente importa, é que você vai ficar sempre consigo mesmo. Então, o truque não é evitar as decepções, mas cuidar da maneira como você se permite sentir o impacto delas. Não adianta ficar tentando prever o que vai acontecer ou antecipar a dor do próximo tombo. O mais inteligente, e saudável, é aprender a lidar com os altos e baixos sem perder o equilíbrio. Não viva no automático, esperando o pior. Viva se cuidando e se permitindo, aprendendo a lidar com as surpresas da vida, boas ou ruins, porque, no fim das contas, a única pessoa de quem você não pode deixar de cuidar é você mesmo.

NÃO SEI POR QUE SEMPRE CAIO NA MESMA CILADA...
EU SEI!
EU TAMBÉM!
CAROL ITO
TERAPEUTA
TRAUMAS

viver desconfiado de todo mundo, e sim entender que todas as pessoas são livres para fazer o que bem entenderem, mesmo que seja uma decepção para você.

As pessoas vêm e vão. Isso é inevitável. O que importa, o que realmente importa, é que você vai ficar sempre consigo mesmo. Então, o truque não é evitar as decepções, mas cuidar da maneira como você se permite sentir o impacto delas. Não adianta ficar tentando prever o que vai acontecer ou antecipar a dor do próximo tombo. O mais inteligente, e saudável, é aprender a lidar com os altos e baixos sem perder o equilíbrio. Não viva no automático, esperando o pior. Viva se cuidando e se permitindo, aprendendo a lidar com as surpresas da vida, boas ou ruins, porque, no fim das contas, a única pessoa de quem você não pode deixar de cuidar é você mesmo.

NÃO SEI POR QUE SEMPRE CAIO NA MESMA CILADA...
EU SEI!
EU TAMBÉM!
TERAPEUTA
TRAUMAS
CAROL ITO

SUPERAR É
SE PERMITIR.

POR QUE
VOCÊ ESTÁ
PAGANDO
CARO
PARA SER
QUEM VOCÊ
NÃO É?

Eu sempre ouvi falar que o Carnaval de Salvador é uma experiência única. Mas ouvir é uma coisa, viver é outra. E agora posso dizer com todas as letras: se você nunca foi, vá. Porque não importa o quanto eu tente descrever, nada chegará perto de você sentir na pele as emoções vivenciadas nesse evento. É um caos organizado, uma explosão de energia, um mar de gente entregue ao momento. Foi surreal para mim. E, nesse caos, no camarote, na pipoca do Psirico ou em cima do trio da Timbalada, percebi algo que ficou martelando na minha cabeça...

Fui convidado para estar em alguns camarotes, inclusive um dos mais caros disponíveis. É uma espécie de bolha dentro do Carnaval, com *open bar, open food*, conforto, visão privilegiada dos trios elétricos e, em alguns casos, até áreas climatizadas. Tudo pensado para que a experiência seja "a melhor possível". Mas será que é mesmo?

Lá embaixo, na pipoca, a história era outra. E, sinceramente? A energia era completamente diferente. Quem estava na rua não tinha medo de parecer ridículo, não tentava manter uma pose, nem se preocupava se o cabelo estava impecável ou se suaria demais. Na pipoca, as pessoas se jogavam. Dançavam como se ninguém estivesse olhando, porque, de fato, ninguém estava. A diversão era honesta, intensa e, acima de tudo, livre.

Já no camarote, o clima era outro. Não é que as pessoas não estivessem se divertindo – estavam –, mas existia um código subentendido de comportamento. Nada de dançar de maneira espalhafatosa, nem de rir muito alto, ou de flertar com quem "não combinava" com você. Havia uma vigilância invisível. Todo mundo observando todo mundo. Beijão com vontade? Esquece. E era impossível não perceber que muitas pessoas ali pareciam se importar mais com serem vistas no lugar certo do que com se divertir.

E é aí que vem a pergunta: por que você se mete em espaços onde não pode ser você?

Quantas vezes já gastou um dinheiro que não tinha para estar em um lugar? Para comprar uma roupa que não tinha nada a ver com seu estilo, mas que parecia ser a "certa" para o ambiente? Para postar uma foto e mostrar para os outros que você também fazia parte? Isso tudo só porque seria bem visto pelo seu grupo?

Muita gente até se endivida, paga parcelado um estilo de vida com o qual nem combina. Faz um esforço enorme para pertencer a um espaço que, no fundo, a reprime. Tudo para ganhar a aprovação de uma galera que, muitas vezes, nem se importa tanto assim. Loucura.

E sabe o que é pior? Quanto mais você faz isso, mais se afasta de quem realmente é. Porque, aos poucos, a gente para de questionar se gosta mesmo do lugar, da roupa, da festa. Seguimos o fluxo. Afinal, se todo mundo está fazendo a mesma coisa, deve ser o certo, né?

Mas é aí que está o perigo: será que essa necessidade de pertencer não é, no fundo, uma fuga de si mesmo? Porque, quando você está num ambiente onde precisa performar o tempo todo, não sobra espaço para ser autêntico nem se perguntar o que realmente o faz feliz. E isso é confortável, de certa forma. Porque olhar para si mesmo dá trabalho. Questionar-se dá trabalho. Permitir-se ser diferente do grupo, então, nem se fala.

O problema é que essa fuga tem um preço. E não estou falando só do financeiro, que já é alto à beça. Mas também do preço emocional de viver uma vida que não é sua.

Então, antes de parcelar o próximo rolê, antes de se esforçar para caber em um espaço que exige tanto, faça um favor a si mesmo e se pergunte se aquilo tem mesmo a ver com você ou com o que você acha que esperam de você.

Ser visto nos "lugares certos" só faz sentido se você puder ser neles quem realmente é.

SER VISTO NOS "LUGARES CERTOS" SÓ FAZ SENTIDO SE VOCÊ PUDER SER NELES QUEM REALMENTE É.

# COMECE A FAZER O QUE VOCÊ POSTA

Postar um versículo bíblico ou um mantra todos os dias não te define como pessoa, combinado? Essa definição vem do que se faz de fato. Você pode até ser o rei do "bom-dia", do "seja grato" e do "acordei iluminado", mas, se na prática passa pelo porteiro e não deseja a ele um mero bom-dia, não olha na cara da atendente que serviu seu café, então, meu amigo, você não faz o que prega. Ponto. Sabemos que é fácil postar uma foto do café da manhã com um textinho motivacional, mas e as atitudes, hein?! Isso é o que importa. Se a realidade que você vive não tem a ver com o que você posta, você está apenas alimentando uma mentira para receber umas curtidas, vivendo para os outros e se esquecendo de que a vida real não precisa ser uma encenação.

Você não é o que posta, você é o que faz.

E aí você vai me dizer: "Ah, mas eu faço tudo isso para inspirar as pessoas". Para, né? As pessoas podem até se inspirar, mas, no final do dia, quem vai ter que lidar com a frustração de não estar vivendo o que divulga nas redes é você. Está na hora de parar de vender imagem e começar a viver de verdade.

E isso aqui não é julgamento (na verdade, é um pouco, rs), é uma tentativa de libertar você dessa prisão em que você mesmo se colocou, é um "acorda, ninguém tem manual". Viver é improvisar. E só quem vive de fato, sendo honesto consigo mesmo, sabe o que faz bem ou não, o que é ou não autêntico.

Porque a improvisação é a base da vida.

NÃO VAI COMER O QUE VOCÊ POSTOU?
NÃO, ESSES LIKES ESTÃO MAIS GOSTOSOS.
CAROL ITO

# EU SÓ FICO NA FRIENDZONE

"Não importa o que eu faça, as pessoas só me enxergam como amigo."

Comovente. Quase chorei.

Acho essa afirmação patética, justamente porque já fui essa pessoa. E se você está lendo este capítulo porque se identificou com o título, pode ser que você também seja.

Por muito tempo, acreditei que era colocado nesse lugar. Eu fazia amizade fácil, era querido, prestativo, atencioso, mas, quando gostava de alguém para além da amizade, parecia que a outra pessoa nunca me via da mesma forma. E aí começava o looping, me sentia um coitadinho, pobrezito, e logo depois questionava: "O que mais eu posso fazer para essa pessoa me enxergar de outra maneira?".

Mas aí eu percebi que eu não estava sendo simplesmente "jogado" na friendzone. Eu estava me colocando nela, com malinha e tudo, por ter uma visão muito errada do que era ser querido, desejado e amado. Eu achava que conquistar alguém era uma missão ativa, um trabalho, um esforço. Que bastava ser o mais legal, o mais prestativo, o mais incrível, o mais presente para que, em algum momento, a pessoa olhasse para mim e pensasse: "Nossa, eu estava cego esse tempo todo, olha esse cara! Me apaixonei".

Mas essa cena de comédia romântica não acontece na realidade. O que acontece na vida real é que, quando a gente se esforça demais para ser visto, muitas vezes está implorando por uma migalhinha de atenção, jogando um jogo que já começou perdido e injusto.

E pior: abrimos mão de quem realmente somos para tentar entrar num personagem que nós *deduzimos* ser o ideal para o outro.

Que merda, hein?!

Uma coisa que me marcou de um tempo para cá foi perceber que, para algumas pessoas, eu nunca precisei me esforçar. Elas simplesmente gostavam de mim, me queriam na vida delas e faziam questão da minha presença. Eu não precisava ser o mais engraçado, o mais carismático ou o mais nada.

Mas, para outras... eu sentia que precisava fazer algo, provar meu valor, mostrar que eu era uma boa companhia, que merecia estar ali. E quando isso acontecia, eu não me perguntava "Será que eu gosto dessa pessoa de verdade?", mas sim: "Como faço essa pessoa gostar de mim?".

Ou seja: eu não queria aquela pessoa exatamente, queria o desafio de conquistá-la. E esse é um problema sério. Porque quando a gente só se sente atraído por quem não nos quer, não vivemos relacionamentos saudáveis. Repetimos um padrão.

Na psicologia, há um conceito chamado "familiaridade emocional". Ele explica que, muitas vezes, buscamos nas relações os padrões que já conhecemos, mesmo que sejam ruins. Tipo quando você se sente mais atraído por alguém que o ignora do que por alguém que o trata bem. Ou quando você continua insistindo numa pessoa que já deixou claro que não sente o mesmo. Muitas vezes, isso não diz respeito a amor ou química, e sim ao costume.

Se você passou a vida precisando se provar para ser amado, adivinha o que o seu cérebro reconhecerá como amor? Pois é... a necessidade de se provar. E o maior problema disso é que, quando alguém chega e o trata bem sem que você precise fazer um malabarismo emocional, você estranha e pensa: "Ué, mas cadê o desafio? Será que eu gosto mesmo dessa pessoa?". Tem hora que até confunde tranquilidade com tédio.

E aí acaba voltando sempre para as mesmas relações frustrantes, porque são as que o seu cérebro reconhece como "certas". Independentemente de serem vivenciadas com pessoas diferentes. Mas o rolê do coitadismo segue sendo o validador da emoção.

Péssimo.

Não podemos obrigar uma pessoa a sentir algo que ela não sente, ponto.

Você já parou para pensar que, às vezes, ela simplesmente não sente atração por você, e tá tudo bem? Conexão romântica não é uma questão de esforço. Se fosse, namoraríamos nossos melhores amigos. Mas não fazemos isso por quê? Porque a conexão é outra. Você pode ser incrível, inteligente, engraçado, gentil e, ainda assim, a pessoa não sentir nada além de amizade por você.

E isso não significa não ser bom o suficiente. Porque não tem a ver com você, e sim com o sentir do outro, sendo que apenas essa conexão específica não aconteceu. E sabe qual é o problema de forçar essa conexão? Você se coloca em um estado de espera, fica ali, rondando a pessoa, tentando encontrar uma brecha, interpretando qualquer sinal como um possível interesse, em vez de seguir a vida e se abrir para quem, de fato, poderia estar nela.

Pense comigo: e se, em vez de investir tempo e energia tentando provar para alguém que você é incrível, você fizer isso por si mesmo e por quem vibra igual? E se, em vez de transformar o amor num desafio, você aceitasse que ele é, antes de tudo, um encontro?

Às vezes, a gente se esforça por uma atenção que a pessoa dá a outra sem esforço algum. Apenas porque faz sentido para ambos.

Então vamos combinar que, no fim das contas, a melhor forma de sair da friendzone é simplesmente levantar e abrir a porta, até porque esse lugar, que você criou como justificativa, só existe na sua cabeça.

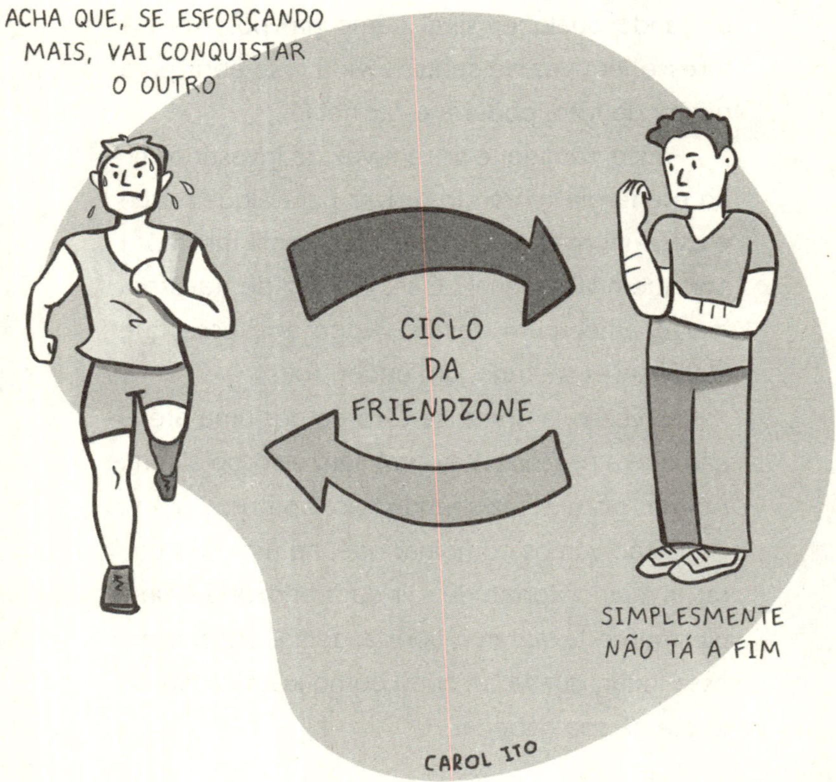
ACHA QUE, SE ESFORÇANDO MAIS, VAI CONQUISTAR O OUTRO
CICLO DA FRIENDZONE
SIMPLESMENTE NÃO TÁ A FIM
CAROL ITO

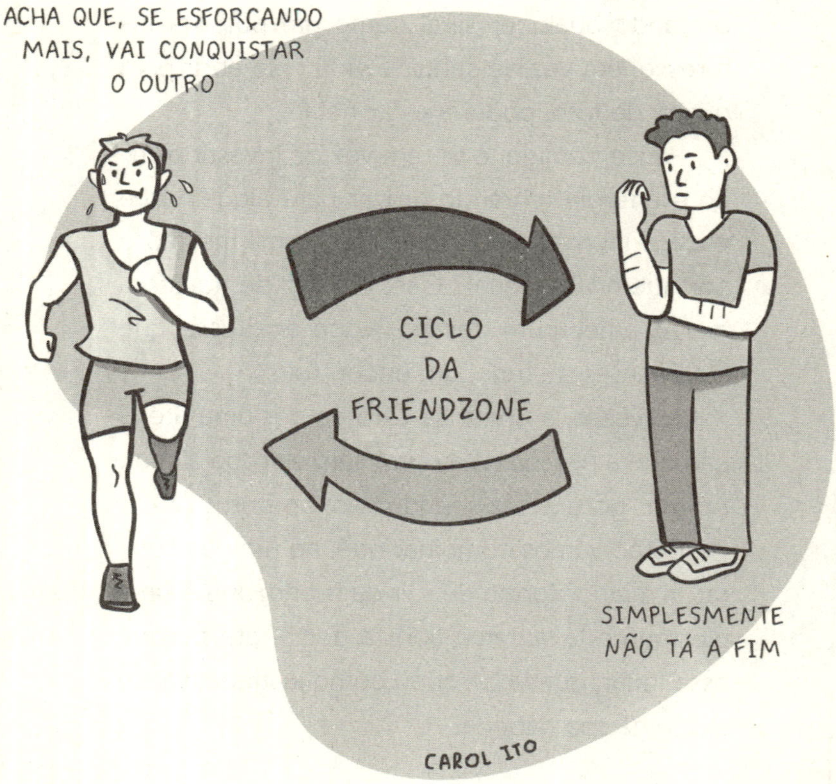

E SE, EM VEZ
DE TRANSFORMAR
O AMOR NUM DESAFIO,
VOCÊ ACEITASSE QUE ELE
É, ANTES DE TUDO,
UM ENCONTRO?

# BABY, ESSA PESSOA NÃO TÁ A FIM DE VOCÊ

Sabe aquele papo de que, se a pessoa quisesse, teria feito? Pois é, ela fez.

A negativa também é uma decisão. E tudo bem, a vida segue. Só que, enquanto você fica se perguntando, se torturando, tentando entender o que aconteceu, o tempo passa e você se agarra a uma ilusão, à espera de que algo que nunca vai acontecer se torne realidade.

Então, vamos deixar uma coisa clara: não tem mistério. Quando alguém está interessado, não precisa de decodificador de mensagens, nem interpretar o tom, as entrelinhas ou decifrar se o "oi" de hoje foi mais frio do que o de ontem. Quando alguém está a fim, a gente sente.

Quando não está, os sinais são claros e apenas ignoramos. E sabe por que fazemos isso? Porque, no fundo, temos medo de nos despedirmos dessa história, de não sentirmos de novo. Por isso parece mais atraente manter a expectativa ilusória do que aceitar a realidade.

Mas vem cá, me responda uma coisa: quantas vezes você já ficou esperando uma mensagem que nunca chegou? Quantas vezes já se pegou imaginando que a pessoa tinha se esquecido de chamar, quando, na verdade, ela estava apenas, sei lá, fazendo outras coisas numa escala de importância maior que você na própria vida, sem perder um segundo pensando em você? O erro é achar que você precisa de uma explicação, de um "desculpa, não tô a fim". E não precisa. O comportamento já é conclusivo, quase como um letreiro neon dizendo tudo:

**ELA NÃO ESTÁ A FIM.**

A pessoa não está a fim de você quando some por dias e, ao reaparecer, acha que você precisa entender porque ela é muito ocupada. Ela não está a fim quando só o procura no domingo à noite, quando está carente e de ressaca sem nada melhor para fazer. Ela não está a fim de você quando as palavras e as ações não se conectam. Ela não está a fim quando o abastece com migalhas virtuais, seguidas de um foguinho ou dois olhinhos nos stories do Instagram. Ela não está a fim quando deixa claro que você é uma opção, e não uma prioridade.

Então, se não for uma expectativa alinhada para ambos, talvez seja interessante perceber que você está tentando colher milho na plantação de cana. E sabe o que é pior? Você faz o papel de "fada-madrinha", tentando transformar esse interesse meia-boca em um conto de fadas. Vai lá, dá aquele empurrãozinho, manda a mensagem, faz a surpresa, se doa, e, no fim das contas, a pessoa está lá, sem nem saber seu signo porque não se interessou nem pelo trivial a seu respeito, já que, para segurá-la ali, você topou prolongar assuntos que só diziam respeito a ela e ao próprio ego, e muito pouco ou quase nada de você.

Vem cá, essa história foi realmente incrível, ou incrível foi a ideia que você tinha do que queria que fosse?

Faz bem saber, porque, muitas vezes, a melhor parte do que observamos em algumas pessoas é nossa mente criativa que coordena.

Então, coração... sinto muito. Ela não vai se apaixonar por você só porque você se empenhou mais do que todo mundo. A paixão é uma chama que se acende por si só. Quando é recíproco, ela vai querer se aproximar, correr atrás, vai deixar claro que está a fim.

Quando você entende que a melhor parte de um relacionamento é ser tratado com respeito, carinho e atenção, começa a perceber quando a outra pessoa não tem lhe dado nem o básico. Porque, meu amor, o fato de ela ser legal às vezes não significa que ela está a fim de você. Dá para ser legal com qualquer pessoa. Mas se ela não faz um esforço para ver e conhecer você, para incluí-lo na vida dela, **ELA SIMPLESMENTE NÃO ESTÁ IN-TE-RES-SA-DA.**

E não, isso não tem nada a ver com você. Tem a ver com ela e com o que ela quer e espera para a própria vida. O outro também tem esse direito.

E agora, trazendo para você, na parte que lhe compete, já parou para pensar que talvez você esteja investindo tanto nessa pessoa porque, no fundo, tem medo de abrir mão do que não vale a pena? A ilusão de que, se você tentar mais uma vez, as coisas vão mudar ou que, com um pouco mais (e mais e mais) de esforço, ela vai se apaixonar.

Mas o que você não percebe é que, enquanto fica ali, esperando uma mudança que nunca vem, torcendo para ser visto e admirado por alguém que claramente não o coloca nesse lugar, está deixando de investir em si mesmo, nas próprias possibilidades, e deixando de viver a sua vida para, mais uma vez, viver o anexo de alguém.

Quanto tempo de autoengano você aguenta? Até quando vai ficar nesse jogo de interpretação? O que está confuso para você? Porque a ação da pessoa provavelmente não é.

Sabe o que acontece quando você aceita isso? Você sofre.

Reprime.

Experimenta o amargo fel da rejeição e depois... se liberta. Você para de se cobrar, de se sacrificar. E, principalmente, você começa a perceber o que realmente merece, o valor que tem. Porque, quando alguém realmente gostar de você, não vai fazer você adivinhar.

ELE NÃO TÁ A FIM DE VOCÊ
MAS PODE SER QUE SE APAIXONE COM O TEMPO!
CAROL ITO

A NEGATIVA TAMBÉM É UMA DECISÃO. E TUDO BEM, A VIDA SEGUE.

# PAPO RETO

Eu me lembro desse dia como se fosse ontem. Eu tinha 17 anos. Na véspera de ano-novo, uma amiga e vizinha me pediu pela décima vez, aos prantos, ajuda após um término estrondoso com o ex que não valia absolutamente nada. Eu me recordo bem da conversa que tivemos, exatamente do que ela me perguntou: "Mas, amigo, qual é o limite do amor?". "A vergonha na cara", respondi.

Então houve um silêncio. Ela me olhou como se eu tivesse acabado de dizer uma grande heresia.

"Como assim?", perguntou ela, franzindo a testa. "É exatamente o que você ouviu. Se você está se perguntando até onde deve ir, a resposta é:

até onde a sua dignidade estiver intacta, sem a vergonha de contar para os mais chegados as atitudes dele sabendo que será prontamente reprovada. Se passou disso, se você já começou a se sentir pequena, se está duvidando do seu valor, se precisa implorar pelo mínimo, então já não é amor. É só teimosia."

Ela respirou fundo.

"Mas e se ainda houver sentimento?", insistiu ela. "Sentimento por quem? Por ele ou por quem você queria que ele fosse?"

Ficamos em silêncio de novo.

❋ ❋ ❋

No fundo, sempre sabemos quando já passou do ponto. A gente sente, mas insiste, porque contar essa história como uma batalha a ser vencida parece mais suportável do que encarar a realidade: o amor não deveria ser uma luta.

Queria dizer que a história daquela amiga terminou ali, mas ela precisou de mais alguns capítulos para conseguir força e equilíbrio suficientes para sair. Respeitei o tempo, emprestei outra vez o ombro, e fiquei feliz quando ela saiu.

Eu sabia que o amor, mesmo que não romântico, também é sobre entender que o processo de desenvolvimento do outro é diferente do meu. E a minha ajuda também precisava de limites, para nós dois.

Às vezes, sinto que o amor é muito claro. Mas não as diversas utopias que fazemos dele.

Se você sente que precisa resistir, aguentar só um pouco mais, "conquistar" a pessoa todos os dias porque, do contrário, ela escapa... então a pergunta já não é mais sobre amor. O amor saudável não precisa ser implorado, não exige que você passe por cima de si mesmo para que o outro fique.

Se você tem que mudar sua essência, viver numa busca constante para provar seu valor, então você não está amando, está tentando se convencer de que, se fizer o suficiente, a outra pessoa finalmente vai reconhecer o que você já sabia desde o começo: que você merece ser amado.

Então, me diz, de que vale um amor que só existe quando você se esforça ao máximo para não o perder?

Eu sei que dói. Aqui já doeu muito também. Dói admitir que alguém não está disposto a amá-lo como você merece. Dói aceitar que, por mais que tente, algumas coisas simplesmente não dependem de você. Mas sabe o que dói mais? Se perder no caminho da insistência, acordar um dia e perceber que você construiu um relacionamento inteiro com base em esperança, e não em reciprocidade.

Quando o amor vira um teste de resistência, quando você sente que precisa "aguentar firme" para que um dia tudo faça sentido, é porque já passou do limite há muito tempo.

Se amar alguém significa entrar em um campo de batalha onde você precisa lutar diariamente para ser visto, reconhecido e respeitado, então não é amor.

É apego.

É medo da solidão.

É achar que desistir seria um fracasso pessoal, sendo o verdadeiro fracasso continuar onde você não é bem tratado.

Por isso, o papo ficou reto quando defini o limite do amor como vergonha na cara.

Porque o amor de verdade nunca vai exigir que você se abandone para que ele continue existindo.

EU MEREÇO SER AMADA!
EU TE AMO.
CAROL ITO
VOCÊ NÃO. EU QUERO AQUELA PESSOA TOTALMENTE INDISPONÍVEL.

DE QUE VALE
UM AMOR QUE SÓ
EXISTE QUANDO VOCÊ
SE ESFORÇA AO
MÁXIMO PARA NÃO
O PERDER?

SE O QUE MAIS
PREOCUPA VOCÊ
NO MOMENTO É O
RELACIONAMENTO
AMOROSO,
ENTÃO TODAS AS
OUTRAS PARTES
DA SUA VIDA JÁ ESTÃO
RESOLVIDAS,
NÉ?

Olha, se o que mais preocupa na sua vida é encontrar o próximo namorado, a próxima relação amorosa, ou quem será o príncipe encantado da vez, então é porque, com certeza, as outras áreas da sua vida estão uma maravilha, né? Tudo resolvido: trabalho dos sonhos, carreira decolando, morando no apartamento que queria, vida financeira controlada... porque, se não for, posso dizer: tem alguma coisa aí que não está funcionando. Sim, essa bronca é necessária.

Parece até que você acredita que o único ingrediente essencial para a sua felicidade é ter alguém ao lado, um namorado novo, um romance em potencial. E, enquanto isso, vai se afastando de tudo que é realmente importante para o seu desenvolvimento, seja aquele curso que você vem adiando há meses, seja a promoção no trabalho que não acontece porque você ainda procrastina no desempenho, a mudança de carreira que você queria, ou o simples fato de você ainda estar morando na casa dos seus pais e refutando sua individualidade. Meu bem, a vida adulta já começou! E você se recusa a entender isso quando deixa tudo que deveria importar de lado em troca de alimentar uma carência emocional. Não faz sentido, né? Você foca tanto o amor que ignora os alicerces que sustentariam sua vida.

Agora, vem cá: quantos anos você tem mesmo?

Por mais quanto tempo vai continuar amontoando as bagunças da vida numa cadeira como faz com a pilha de roupas que já secou há três dias e você não guardou?

Quando pretende colocar em ordem sua própria bagunça?

Tem muita coisa acontecendo simultaneamente, e o mundo não vai parar de girar para você correr atrás de afeto e se perder buscando validação a ponto de esquecer que tudo começa dentro de você.

Um relacionamento só é saudável quando você tem uma vida independente, com objetivos próprios e estabilidade. Ou você acha que o próximo namorado virá com a fórmula mágica para resolver todos os seus problemas e lhe dar a vida dos seus sonhos? Não, meu anjo, quem resolve os problemas é você, dedicando-se às áreas da sua vida que precisam de atenção.

Quando você começar a colocar as coisas no lugar, todas as áreas da sua vida vão se encaixar mais facilmente. E aí, sim, aparecerá alguém para somar, não um tapa-buraco por causa da sua incapacidade de enfrentamento nas outras partes da sua vida.

Ninguém perde por investir tempo no próprio desenvolvimento.

ATÉ O QUE
SEUS PAIS
NÃO FIZERAM
JÁ ESTÁ
FEITO

A infância é a base de tudo. Não dá para subestimar o impacto que ela tem na gente, em nossas escolhas, em nossas relações, e até na saúde mental. Ela molda quem somos e, principalmente, quem nos tornamos. Porém, em algum momento da vida, crescemos, nos tornamos adultos, e aí a responsabilidade de tratar tudo o que ficou lá atrás, os traumas, as faltas, as tristezas, as angústias, passa a ser nossa. Começamos a perceber que, de certa forma, nossos pais não nos deram tudo de que precisávamos na infância, mas o que fazer com isso agora?

A vida adulta não é uma desculpa para permanecer estacionado no passado. Muitos se recusam a lidar com os ferimentos da infância, achando que o tempo cura tudo. Mas o tempo não cura, apenas empurra as questões para debaixo do tapete. E, se você não cuida, o que não lhe foi dado na infância vai se perpetuar por toda a sua vida adulta, sabotando, limitando, fazendo você viver em um estado de carência emocional eterna.

Por mais difícil que tenha sido, a infância não é desculpa para uma vida inteira de autonegligência. Você não pode esperar que alguém que não foi capaz de lhe dar aquilo de que você precisava antes faça isso agora. A responsabilidade de tratar essas feridas é sua. Se você não faz isso, está negligenciando a si mesmo. E isso, por mais doloroso que seja, é um abandono que só você pode resolver.

Não adianta ficar preso ao passado, lamentando o que não foi. O que foi, foi. Não há como reescrever. Mas o que você faz a partir de agora é o que realmente importa. A maneira como você lida com o que ficou para trás é o que vai definir a qualidade da sua vida no presente. O que você vai fazer com isso? Vai continuar se sabotando, se negando a crescer, se negando a tratar as feridas? A olhá-las de frente? Ou vai tomar as rédeas da sua vida e começar a se tratar com responsabilidade e com o cuidado que nunca recebeu?

O passado é uma página que já foi escrita.

A infância não define a sua vida inteira. Mas a maneira como você a trata, como escolhe curar os ferimentos que ela causou, sim. Se você se recusa a olhar para esse passado, se recusa a fazer esse trabalho, está, no fundo, fazendo o mesmo movimento de quem o negligenciou na infância: ignorando. E, ao se ignorar, você dá à continuação da sua história o mesmo destino que deu ao começo dela.

O PASSADO É UMA PÁGINA QUE JÁ FOI ESCRITA. A INFÂNCIA NÃO DEFINE A SUA VIDA INTEIRA. MAS A MANEIRA COMO VOCÊ A TRATA, COMO ESCOLHE CURAR OS FERIMENTOS QUE ELA CAUSOU, SIM.

# NA VIDA ADULTA, VOCÊ ESCOLHE SUAS RELAÇÕES

Sempre que abordo esse tema, muitas pessoas me perguntam: "Mas e se for sua mãe ou seu pai?", como se o vínculo sanguíneo fosse o único medidor de relação possível. Crescemos ouvindo que sangue é mais importante do que qualquer outra coisa, que parentes devem ser endeusados, mesmo quando não fazem jus a isso. Aquele papo de que o amor incondicional deve existir mesmo que você esteja em uma relação que o destrói, desqualifica, ainda assim. Porque, afinal de contas, é seu "sangue", né?

Por muito tempo, eu acreditei nisso. Achei que o laço familiar fosse suficiente para justificar o que eu recebia das pessoas, inclusive do meu pai.

Até que, em certo ponto da vida, precisei me reconectar com algo mais profundo e real: as relações não são feitas apenas de sangue, mas de respeito, presença e, acima de tudo, de escolha. Porque, no fim das contas, é você que escolhe quem merece estar ao seu lado.

Recebi a notícia da morte do meu pai enquanto escrevia este livro. Ele, que se ausentou da minha vida desde a minha primeira infância, nunca fez nenhum movimento para restabelecer qualquer tipo de vínculo. Durante a adolescência, tentei, sim, buscar uma conexão. Mas ele não estava presente.

E o que eu percebi, ao receber a notícia, anos depois, foi que eu também não estava mais. Não foi um lamento nem uma dor. A única coisa que senti foi uma leve saudade do que não existiu, do que nunca construiremos juntos.

Quando meu pai saiu de casa, abandonou a família. Eu, com 5 anos, e minha irmã, com 8. Ele decidiu deixar quase totalmente para trás a vida que tinha com a gente, estava mais preocupado com a nova vida, as novas escolhas. As tentativas de manter o contato eram mínimas, quase protocolares. As ligações eram curtas e, na maior parte do tempo, falávamos sobre os problemas dele, e não sobre como estávamos ou o que acontecia em nossa vida. Ele não esteve presente nos meus aniversários; às vezes, sequer lembrava minha idade. E foi assim por anos.

Perto dos 15, tentei mais uma vez restabelecer contato, mas nada. E, como tudo que tínhamos feito até aquele momento, a tentativa de proximidade foi em vão. O olhar de um pai atento, amoroso, ou até mesmo um mero gesto de presença, ele não fez. Foi quando, pela primeira vez, compreendi algo fundamental: uma relação que nos despreza, nos diminui, que não faz questão da nossa presença, não é uma relação que precisamos forçar ou manter só por causa do DNA compartilhado.

Eu não sou obrigado a amar alguém que não me ama. Não sou obrigado a manter um vínculo com quem não me respeita, não se importa comigo. O fato de ser meu pai não significa que tinha o direito de me tratar como bem entendesse. Não significa que eu devesse viver esperando que algo mudasse. Ele não foi a pessoa que, de fato, construiu uma relação saudável comigo, e tudo bem. Essa é a realidade.

Quando recebi a notícia do falecimento, por um breve momento tentei me julgar. Será que eu deveria sentir algo? Será que, como dizem, eu deveria estar triste, mesmo sabendo que a história nunca foi construída? Mas logo me veio uma sensação de acolhimento e paz, porque entendi que, naquele momento, estava tudo bem não sentir nada. Não somos obrigados a carregar o peso de uma relação tóxica apenas porque alguém compartilha um pedaço de nosso gene nem a manter vínculos com quem nunca esteve presente de forma significativa.

Eu não transformei meu pai em uma figura vilanizada nem me coloquei em um pedestal de virtude. A verdade é que, na relação de pai e filho, não fomos bons um para o outro. Talvez eu não tenha suprido as expectativas dele, e ele não supriu as minhas. Não tem como mudar isso. O que eu posso mudar é o olhar que tenho sobre os acontecimentos, sobre o vínculo que não existiu. E, ao entender isso, compreendi também que essa conexão não acontecerá nesta vida. E, por mais dolorosa que tenha sido essa compreensão, também me trouxe alívio.

Hoje, minha visão sobre as relações se baseia no que é realmente importante: não é o laço de sangue que nos torna família, e sim as escolhas que fazemos. As relações saudáveis, que nos agregam, nos impulsionam, nos tornam pessoas melhores, são construídas com respeito e presença, com interesse genuíno pelo outro. E, principalmente, com a liberdade de escolher estar ao lado de quem realmente nos faz bem, não por obrigação, mas porque ambos merecem e se escolhem.

VOCÊ NÃO TEM
OBRIGAÇÃO DE AMAR
CAROL ITO
ALGUÉM QUE NÃO TE AMA

QUEM SE
CONTENTA
COM POUCO
SEMPRE
VAI TER
POUCO

Eu sempre fui fã da ideia que dá título a este capítulo. E não, não estou dizendo que é impossível encontrar felicidade no que já temos, mas sim que a verdadeira questão está em nossa capacidade de seguir acreditando em algo maior, algo que faça mais sentido. Algo que tenha qualidade, profundidade e que, de alguma forma, nos empurre para a frente.

Na vida, às vezes nos contentamos com pouco. Seja nas relações, na carreira, ou até mesmo no próprio merecimento. Quando nos acomodamos, aceitamos um pouco menos do que podemos receber. De alguma maneira, começamos a abrir mão da nossa capacidade de sonhar grande, de querer algo mais. E quando digo "sonhar", estou falando sobre o fato de que sonhar menos dá o mesmo trabalho que sonhar mais. O esforço é o mesmo. O trabalho mental de visualizar, de imaginar uma vida diferente, de querer mais e melhor, é o mesmo. Então, por que se contentar com menos?

O problema é quando dizemos "amém" para tudo o que aparece, sem questionar a qualidade, o tamanho ou o que estamos realmente recebendo. Parece que, às vezes, achamos ser mais fácil nos ajustar ao que está disponível do que lutar pelo que realmente merecemos. E o erro está exatamente aí. Quando você aceita algo sem refletir se realmente é digno do seu esforço, do seu tempo e da sua energia, a chance de você continuar vivendo na escassez e na mediocridade é quase garantida. Quando você não questiona, não desafia seus próprios limites e sonhos. E, acredite, a chance de continuar naquela realidade restrita é quase de 100%.

Quantas vezes você já se contentou com algo apenas para não se sentir "difícil de lidar" ou para evitar o desconforto de buscar algo mais? Quantas vezes você aceitou o que estava disponível, mesmo sabendo, lá no fundo, que não era o que você realmente queria ou merecia? E por quanto tempo você ficou preso nesse ciclo só para não sair da sua zona de conforto? O problema não é o que você está recebendo, mas o quanto você aceita e o quanto você acredita que merece.

O que você aceita é reflexo do que você acha ser possível. Se você não ousar querer mais, vai receber sempre o mínimo. Não aceite o "já está bom", o "é o que tem para hoje".

Mas a verdadeira questão é: pelo que você está disposto a esperar? Pelo que você está disposto a lutar? O que você realmente acredita merecer? E, acredite, se você não lutar pelo que é grande, pelo que é bom, pelo que tem o seu nome escrito, vai acabar se contentando com o resto. E o pouco ou o resto nunca abasteceu quem nasceu pra ser grande.

O POUCO OU O RESTO
NUNCA ABASTECEU
QUEM NASCEU PRA
SER GRANDE.

# O BURNOUT NÃO TOCA A CAMPAINHA PARA SABER SE VOCÊ ESTÁ EM CASA, ELE CHEGA ARROMBANDO A PORTA E COLOCANDO OS PÉS NO SOFÁ

Burnout é o resultado de um estresse extremo e constante no trabalho ou em outras áreas da vida. A pessoa sente que não tem mais recursos físicos nem emocionais para lidar com as obrigações. É como se estivesse em um ciclo sem fim, tentando fazer tudo ao mesmo tempo, e, de repente, seu corpo e sua mente simplesmente desligam. As consequências incluem fadiga extrema, insônia, ansiedade, falta de motivação e uma sensação de estar desconectado do que a pessoa fazia antes, além de sérios riscos para a saúde física e mental.

Ou seja: se você não parar agora, vai dar merda!

Sabe aquele momento em que você acha que tem setenta mil problemas na vida? O chefe insuportável, os prazos acumulados, as mensagens não respondidas, as contas chegando, os amigos cobrando presença, o relacionamento precisando de atenção... A lista parece infinita.

Mas aí você adoece e descobre que só tem um problema: a saúde.

Enquanto você está bem, acha que pode se dividir em mil, que dá conta de tudo, que descansar é perder tempo. Mas quando o burnout chega, ele não pergunta se pode entrar. Ele invade, arromba a porta e senta no meio da sua sala como se fosse dono do lugar.

E, então, aquele e-mail urgente já não importa mais, aquela reunião inadiável perde totalmente o sentido. O chefe que cobrava às onze da noite não vai segurar sua mão no pronto-socorro. Porque a verdade é uma só: se não cuidar da saúde, ela vai obrigar você a parar, e do jeito mais cruel possível. Nada justifica abandonar a si mesmo, não existe trabalho tão importante que valha a sua sanidade, não existe projeto que mereça o seu colapso, não existe empresa que justifique o seu adoecimento.

Outro dia, uma seguidora me questionou numa publicação: "O que fazer quando um trabalho te dá estabilidade, mas te adoece?". Respondi que a estabilidade recebida por um trabalho que adoece é temporária. Porque, quando você quebrar – e um dia vai acontecer se continuar assim –, ninguém vai sofrer as consequências no seu lugar. O mundo segue. Seu chefe contrata outro. O projeto encontra um substituto. A única pessoa que perde tudo é você.

E aí, quando você menos espera, descobre que a sua negligência consigo mesmo foi a decisão mais cara da sua vida.

Quem se acostuma a viver no limite do esgotamento tem uma mania terrível: acha que pode funcionar como máquina, que o corpo aguenta qualquer coisa, que dá para empurrar só mais um pouquinho.

Seu corpo o carrega todos os dias, sua mente segura o tranco. A pergunta é: até quando você vai ignorar os sinais antes que tudo desmorone?

VOCÊ NÃO DESCANSA,
ENTÃO, VIM FAZER
UMA VISITA!
BURNOUT
CAROL ITO

NADA JUSTIFICA
ABANDONAR
A SI MESMO.

VOCÊ ESTÁ PROLONGANDO ESSA **AMIZADE FALSA** APENAS PORQUE TEM **MEDO** DE FICAR SÓ

Por muito tempo, achei que era meu dever ser compreensivo, aceitar as falhas dos outros e deixar as coisas passarem, até quando não devia. Mas hoje não mais. Aprendi que não preciso carregar pessoas que só me deixam para baixo, como âncoras, ou relações que não têm mais sentido. Porque quem não me respeita não tem espaço.

Por muito tempo, o medo da solidão me fez manter relações que, no fundo, eu sabia não serem boas para mim. Era como se, ao me afastar daquelas pessoas, eu fosse ser visto como uma pessoa difícil de lidar. E eu não queria isso. Tinha medo de que me achassem severo, de ser rotulado como alguém "complicado". Então, continuei naquelas relações, com pessoas que não compartilhavam dos meus ideais e que não me viam como sou, mas como alguém a ser manipulado. Eu achava que precisava "suportar" tudo em nome da amizade. Até que percebi que não tinha essa obrigação moral com ninguém, nem comigo.

Fui notando que muitas dessas amizades não passavam de um reflexo do medo de ser "duro" demais. Muitas vezes, uma pessoa considerada difícil de lidar é só alguém menos suscetível a manipulações, alguém que não aceita desrespeito, que sabe o que quer, que sabe colocar limites. E, se isso custar algumas pessoas, então que seja. Do que eu não preciso mais é de relações que me tiram a paz, que não somam e só servem para me diminuir.

Hoje, posso dizer que tenho relações sólidas e autênticas, que valem a pena, com pessoas que me entendem, me respeitam e, acima de tudo, querem me ver crescer. Mas tudo isso só se tornou possível quando parei de carregar o peso de amizades falsas, de relações que somente serviam para me alimentar de insegurança e frustração. A solidão é melhor do que isso. E eu aprendi a não temer a minha própria companhia.

Às vezes, prolongamos relações que, no fundo, já não fazem mais sentido. E por quê? Porque o medo da solidão é tão grande que preferimos manter amizades que, em vez de nos acrescentar, só nos sugam.

A carência é real. Para alguns, ficar só por uma semana pode parecer insuportável; de repente, a pessoa se vê mandando mensagem até para quem não vale nada só para não ficar sozinha. Mas vou falar uma coisa: o medo de estar só não pode ser a justificativa para se manter ao lado de quem não quer o seu bem. E a gente sabe quando não querem.

Se você está cercado de quem só vê seus defeitos e coloca sua vida como um drama constante, fica difícil evoluir, né? Se as pessoas ao seu redor não o impulsionam, não torcem por você, não o incentivam a ser melhor, elas não são suas amigas. São pesos, não aliados.

Ficar em relações que só te desgastam, te fazem sentir que nunca é o suficiente, que nunca será bom, relações em que não há empatia nem afeto genuíno, não vale a pena. Você vai acabar se anulando, acreditando que a culpa é sempre sua, que o problema está em você. Quando, na verdade, o problema está no ambiente. Por isso a solidão, às vezes, é mais saudável do que uma convivência que apenas enfraquece.

Então, sim, se for preciso estar só para entender que a sua paz vale mais do que um monte de amizades vazias, então fique só. Até mesmo porque estar nas companhias erradas nos faz sentir o dobro da falta que faz ter alguém parceiro, certo e real do lado.

A SOLIDÃO, ÀS VEZES,
É MAIS SAUDÁVEL DO QUE
UMA CONVIVÊNCIA QUE
APENAS ENFRAQUECE.

# VOCÊ SÓ QUER RECLAMAR OU QUER RESOLVER?

Outro dia, conversando com uma pessoa querida, percebi que havíamos entrado em um ciclo infinito. Ela desabafava sobre os mesmos problemas de sempre, e eu, como um bom amigo, tentava aconselhar. Só que era automático: qualquer sugestão que eu desse, ela rebatia. Dizia que já tinha tentado, que não era tão simples, que a vida era difícil, que as pessoas eram injustas.

E, no dia seguinte, lá estava ela reclamando das mesmas coisas.

Até que um dia eu me cansei. Não de ouvir, porque ouvir faz parte da amizade, mas de sentir que eu estava alugando meu ouvido para um looping. Foi aí que decidi mudar a abordagem.

Quando ela veio desabafar, perguntei: "Você só quer reclamar ou quer resolver?".

Ela me olhou surpresa. Não esperava essa pergunta.

Eu não sou contra reclamar. Muitas vezes, reclamar é o primeiro passo para perceber que algo não está certo. Mas tem um detalhe: reclamar, por si só, não resolve nada. Se não vier acompanhada de ação, a reclamação se transforma apenas em um ruído de fundo, uma trilha sonora da própria frustração.

O problema é que tem quem se apegue a esse ruído. A reclamação vira um hábito, um discurso automático. E pior: ela traz certo conforto. Porque quando você reclama, ganha algo. Atenção, acolhimento, talvez até uma sensação de pertencimento.

Afinal, reclamar une as pessoas. Basta ver uma roda de conversa: começa um dizendo que está cansado do trabalho, outro emenda que o chefe é um pesadelo, o terceiro diz que a vida está difícil, e pronto! Todos estão conectados ao culto do sofrimento.

Mas reclamar sem agir é só um jeito mais sofisticado de se autossabotar.

E depois que passei a perguntar: "Você só quer reclamar ou quer resolver?", percebi que minhas relações mudaram. Primeiro porque a pergunta dá liberdade ao outro. Nem todo mundo quer conselho o tempo todo. Às vezes, a pessoa só precisa desabafar, e tudo bem. Mas, ao mesmo tempo, a pergunta faz a pessoa refletir, ela se vê diante de uma escolha: continuar no looping ou sair dele.

Se a resposta for: "Eu só quero reclamar", beleza. Eu escuto, sem me desgastar tentando solucionar algo que a pessoa nem quer resolver.

Mas se a resposta for "Quero resolver", aí sim a conversa muda de tom. Porque querer resolver significa estar disposto a sair da reclamação e partir para a ação. Porque, veja bem, reclamar pode virar um vício. E como todo vício, traz uma sensação temporária de alívio, mas não resolve o problema.

A pessoa se acostuma com o papel de vítima, com a atenção que recebe por estar sempre sofrendo. E, sem perceber, começa a se definir pelo que deu errado, pelo que não conseguiu, pelo que perdeu.

E aqui entra a provocação: será que você quer mesmo que a sua identidade seja construída em cima do que lhe falta?

Porque reclamar sem agir só reforça a narrativa de que a vida é injusta e você não tem poder sobre ela. Mas a verdade é que você tem. Você pode escolher mudar, fazer diferente, sair do papel de quem só sofre para o de quem faz acontecer.

Então, na próxima vez que estiver prestes a reclamar, se pergunte: eu só quero reclamar ou eu quero resolver?

E vamos além? O quão disposto você está a lidar com as mudanças e os movimentos que essa solução envolve?

Tem que ver isso, né?

RECLAMAR SEM
AGIR É SÓ UM JEITO
MAIS SOFISTICADO DE
SE AUTOSSABOTAR.

A VIDA
É AQUILO QUE
ACONTECE
ENQUANTO
PLANEJAMOS
CHEGAR LÁ

Por muito tempo, tive certeza de que a realização da minha vida estava atrelada a um plano muito bem desenhado. Eu sabia exatamente onde queria morar, como seria minha casa, quantos cachorros teria, o tipo de rotina que seguiria. Na minha cabeça, o sucesso só viria quando eu tivesse marcado todas as caixinhas dessa checklist imaginária.

Mas a vida, essa fanfarrona cheia de ironia, foi me levando para outros caminhos. Cachorros? Parei no terceiro, porque descobri que dá um trabalho descomunal. A casa com quintal e grama verde? Troquei por um apartamento no meio da cidade mais populosa do país, cercado

A VIDA NÃO
ACONTECE NO
DESTINO FINAL,
MAS NO MEIO
DO CAMINHO
ATÉ LÁ.

de prédios e buzinas, porque, por enquanto, é onde as oportunidades se encontram. E, por incrível que pareça, está tudo bem.

O problema é que muita gente se apega tanto ao "chegar lá" que se esquece de viver o caminho, se prende a uma versão antiga do próprio sonho, como se mudar de ideia fosse sinônimo de fracasso, como se assinássemos um contrato vitalício com os nossos sonhos de adolescência. Mas não faz sentido carregar planos antigos só porque, um dia, eles pareceram a melhor opção.

A verdade é que a vida não acontece no destino final, mas no meio do caminho até lá.

Muitas pessoas carregam a ideia de que a felicidade é um evento futuro, uma linha de chegada que, quando cruzada, finalmente vai trazer paz, sucesso e realização. Só que essa linha de chegada, na maioria das vezes, é móvel. Quando você acha que está perto, ela dá um passo para a frente.

Você pensa: "Quando eu tiver um emprego estável, estarei tranquilo". Consegue o emprego, mas agora quer uma promoção. Depois, um aumento. Logo após, uma mudança de carreira. E assim, sem perceber, a vida vira um eterno "quase lá", sem a celebração daquilo que ela já é.

QUASE
LÁ
VIDA
PLANOS
DO
PASSADO
CAROL ITO

Enquanto isso, os dias vão passando. Os momentos que poderiam ser aproveitados ficam soterrados sob a angústia do que ainda falta. E, no fim das contas, quando, finalmente, se chega aonde se queria chegar, percebe-se que aquilo que realmente importava era o trajeto e as pessoas que faziam parte dele, e não só o destino.

Você pode ter passado anos achando que queria uma casa na praia, mas descobrir que gosta mesmo é da energia caótica da cidade. Pode ter jurado que teria cinco cachorros e, no terceiro, perceber que está à beira do colapso. Você pode ter planejado um caminho e, no meio dele, descobrir outro que faz muito mais sentido.

Novamente, está tudo bem. O erro não consiste em mudar os planos, e sim em se apegar demais a um roteiro e esquecer que pode reescrevê-lo sempre que quiser.

O ponto é: você não precisa esperar que tudo esteja "perfeito" para começar a viver. Porque, no fundo, esse "perfeito" pode nunca chegar. E, se chegar, pode ser que já não tenha mais o brilho que você imaginava. Seus planos são importantes, mas não podem ser a âncora que o impede de aproveitar o agora.

Topa se aprofundar ainda mais? Se o "chegar lá" é um conceito fluido, então onde exatamente é esse "lá" para você? Quem definiu o ponto-final da sua jornada?

Há quem cresça acreditando que o destino já foi traçado: se casar, ter filhos, um emprego estável, comprar um carro, financiar um apartamento e esperar a aposentadoria. Buscam segurança, aceitação, estabilidade, tudo dentro de um molde coletivo. Mas e se esse não for o seu caminho? O resultado pode ser uma sequência de falta de identificação e pertencimento acoplada à sensação constante de que falta alguma coisa.

A resposta para onde você pertence não está no que os outros dizem. Por isso, é bom se examinar com cautela. O seu "chegar lá" mora na experiência, na vivência e, principalmente, no sentir.

E é essa a grande ironia que, muitas vezes, o faz procurar do lado de fora, no quintal do outro, aquilo que você só poderá encontrar em si mesmo.

APRENDA A
OUVIR
TAMBÉM,
O MUNDO
NÃO É
SÓ SOBRE
VOCÊ

Certo dia, esbarrei com uma sofredora competitiva, aquela pessoa que não pode ouvir você contar nada sem puxar um "ah, mas eu...". Você fala que torceu o pé, ela conta que quebrou as duas pernas, o braço e ainda precisou ir para o hospital de ambulância sem plano de saúde. Você diz que está cansado porque trabalhou muito durante a semana, ela já rebate que trabalha vinte horas por dia, dorme duas e ainda cuida da casa, dos filhos e do cachorro sem reclamar. Você comenta que tem vontade de conhecer um lugar, ela já solta um "Já fui e é péssimo, não sei por que alguém perderia tempo indo lá". Ou seja, nada tem a ver com você, porque ela sempre tem uma versão mais intensa, sofrida ou incrível da mesma história.

Crescemos acreditando que nossas vivências são as mais importantes, nossas dores são as maiores e nossa visão de mundo é a mais acertada. Afinal, é tudo o que temos como referência, né? Só que tem um pequeno detalhe: existem bilhões de outras pessoas no mundo, cada uma com uma bagagem completamente diferente da nossa.

Tem gente que, em vez de ouvir o outro, já está preparando um contra-argumento, e, no lugar de absorver, já está rebatendo. E às vezes nem percebe o quão fechado está para o novo, o quão rígido ficou dentro das próprias certezas. Só que não dá para fazer de tudo um monólogo. Se você só fala e nunca escuta, não está tendo uma conversa, mas dando um sermão, e, sinceramente, ninguém merece quem só dá sermão o tempo todo.

Ouvir não significa aceitar tudo que o outro diz como verdade absoluta, mas sim, no mínimo, reconhecer que existe uma perspectiva além da sua. E isso pode ser uma baita vantagem, porque, a partir do momento que você entende que o mundo não gira em torno do seu umbigo, você começa a aprender de verdade.

E aí entra um detalhe importante: aprender a ouvir também significa compreender que, às vezes, o outro não quer um debate filosófico, só deseja compartilhar uma experiência. E não precisa de alguém para invalidar isso com um "Ah, mas comigo foi diferente". Claro que foi! Porque você não é o outro.

Então, se tem uma coisa que vale a pena treinar, é a paciência na escuta. Porque o mundo não precisa de mais gente que acha que já sabe de tudo, precisa de pelo menos mais meia dúzia de gente disposta a entender o que ainda não sabe. E se aprende muito apenas ouvindo.

A COMPETIÇÃO MAIS CHATA DO MUNDO:
QUEM SOFRE MAIS
TÔ PÉSSIMO PORQUE...
BLÁ BLÁ BLÁ BLÁ BLÁ BLÁ BLÁ BLÁ
IMAGINA EU QUE...
BLÁ BLÁ BLÁ BLÁ BLÁ BLÁ BLÁ
CAROL ITO

O MUNDO NÃO PRECISA
DE MAIS GENTE QUE ACHA
QUE JÁ SABE DE TUDO,
PRECISA DE PELO MENOS
MEIA DÚZIA DE GENTE
DISPOSTA A ENTENDER
O QUE AINDA NÃO SABE.

CONFRONTANDO

A COERÊNCIA,

O *SEU*

MUNDO

É SÓ SOBRE

VOCÊ

Agora que você entendeu que precisa ouvir mais, vamos para o outro lado da moeda: você não precisa absorver tudo o que os outros falam.

Sim, é preciso ter a humildade de ouvir, mas também é preciso ter a inteligência de filtrar. Porque, no fim das contas, quem terá que lidar com as consequências das suas escolhas é você. Não adianta nada ouvir mil opiniões se, na hora H, você nem sabe o que sente ou pensa sobre aquilo.

E aqui entra um ponto importante: não é preciso fazer o que não se quer só porque alguém acha que seria melhor. Algumas coisas já sabemos que sim ou que não. Não é preciso insistir.

Por exemplo, eu odeio beterraba. Desde sempre. Tentei experimentar quando criança, minha mãe até a enfiou escondida no feijão uma vez e o resultado foi desastroso, você já pode imaginar... E eu não preciso comer beterraba toda vez que ela aparece no prato só para ter certeza disso. Já tentei de vários jeitos e a única forma de aquela querida entrar em mim é no formato líquido, misturado com cenoura e bastante limão para camuflar o gosto. Mas comer? A textura? Já insisti de todas as formas possíveis. Não gosto. Está decidido. E tudo bem.

A mesma lógica vale para a vida. Se algo não faz sentido, se não se encaixa no seu mundo, você não precisa ficar testando para sempre, não precisa se encaixar em tudo, nem absorver tudo o que falam para você. É preciso ter consciência do que nos serve e do que não nos serve.

E sabe por quê? Porque, no final do dia, quando você se deita no travesseiro, é só você com seus pensamentos. ***Seu*** mundo é só sobre você, que vai sentir as consequências das suas decisões e lidar com as escolhas que fez.

Então, aprenda a ouvir. Mas aprenda também a questionar, a filtrar, a entender o que faz sentido para você. Porque saber ouvir os outros é importante, mas saber ouvir o que o seu próprio eu conversa com você é essencial.

PAPO
É AQUILO QUE
VOCÊ BATE
COM SEU
AMIGO,
PSICOTERAPIA
É OUTRA COISA

"Conversar com você é minha terapia." Pois então, não é, não. Assim como fazer academia, uma luta, escrever um poema, dançar ou meditar ao som de mantras podem, sim, ser experiências terapêuticas, mas não são um acompanhamento psicoterápico. Uma coisa não exclui a outra nem a substitui!

O problema surge quando começamos a confundir as coisas, acreditando que desabafar com o motorista do aplicativo ou sentir a endorfina que o pós-treino proporciona substitui um processo psicoterapêutico real.

A psicoterapia é um processo com método, técnica e, principalmente, um objetivo claro:

ajudar você a organizar o caos interno. É ministrada por um profissional com formação em psicologia. E não é porque você teve uma experiência frustrante com dois profissionais que seu problema não tem solução. É a cura pela fala, sim, mas também é um convite para escutar o que somente os seus pensamentos dizem. É através dela que aprendemos a ter mais autorresponsabilidade e descobrimos que o mundo não tem culpa de nossos percalços se somos nós que operamos com um sistema de crenças tão ultrapassado quanto um celular de tecla.

Terapia não é só para quem está mal, é funcionalidade para quem procura estar melhor, também de forma preventiva. Afinal, se você não aprende com o que já vivenciou, certamente repetirá erros parecidos.

Durante anos, a sociedade carregou a ideia de que terapia era "coisa de gente louca". E, até hoje, quando alguém sugere que você faça terapia, a reação pode ser parecida com a de um acusado por um crime. "Eu? Mas eu não preciso!" Ah, precisa, sim. Não porque você esteja debilitado e quebrado, mas porque todo mundo, sem exceção, tem um estoque de bagunça emocional acumulado.

Algumas pessoas lidam melhor, outras fingem que lidam, e algumas vivem num eterno looping de situações que só pioram a própria vida. Ou seja, terapia não é um processo exclusivo para quem está no fundo do poço, é para qualquer um que queira entender melhor as próprias emoções, melhorar a forma de pensar e se relacionar com os outros.

"Ah, mas eu já tenho amigos que me escutam." Parabéns! Isso é ótimo, ter amigos é fundamental mesmo, mas nenhum deles tem a função de ser seu terapeuta. Tenha noção!

Primeiro porque amigos têm lado. Quando você chega contando que fulano o tratou mal ou foi ríspido com você, seu amigo poderá jogar um "Nossa, que absurdo!" justamente por ter um vínculo que se inclina a você. Já o terapeuta não está ali para tomar partido; ele quer entender por que você reagiu como reagiu, por que isso o acessou num lugar tão específico e como se encaixa no quebra-cabeça maior da sua vida.

Além disso, terapia não é só desabafo. Se fosse, todo psicólogo só precisaria se sentar e ouvir. Mas, na realidade, ele tem a função de guiá-lo para enxergar padrões, entender de onde vêm certas dores e, o mais importante, ajudar a

QUANDO A GENTE ORGANIZA DENTRO, O RESTANTE ACOMPANHA.

construir ferramentas para lidar melhor com a sua vida.

Quando a gente organiza dentro, o restante acompanha.

Já percebeu que, quando estamos bem internamente, tudo flui melhor? O trabalho incomoda menos, os relacionamentos parecem mais saudáveis, até os condutores no trânsito parecem menos idiotas (ou talvez a gente só reaja menos a eles). Isso porque a psicoterapia ajusta o que está desalinhado dentro, para que o fora também faça mais sentido. E se engana também quem pensa que em terapia se aprende a aceitar tudo calado. Muito pelo contrário. Aprende-se a lidar com as emoções, o momento de falar e o de se retirar. É sobre conhecer a si para saber manusear os próprios poderes.

Agora, vamos lá: além de macarrão instantâneo, dificilmente algo fica pronto em três minutos.

Vivemos na era da pressa. Se a comida que você pediu não foi feita, embalada e entregue em vinte minutos, já parece demorada. Se o wi-fi demora dois segundos a mais para carregar um vídeo, já bate o desespero. E há quem chegue à terapia com essa mesma mentalidade. Quer solução rápida, efeito instantâneo, mudança garantida no primeiro mês. Mas deixa eu lhe contar uma coisinha, abençoado: terapia, além de não ser macarrão instantâneo, não será resolutiva se sua preocupação estiver apenas no tempo que ela vai durar, e não no significado da mudança que poderá acarretar para você.

Outra coisa, se você faz pingue-pongue de consultas, seu resultado será diretamente comprometido. Psicólogo não é bombeiro, com a função de apagar os incêndios quando eles já tomaram proporções catastróficas.

Muita gente trata a terapia como um extintor emocional. Só busca ajuda quando a crise já está instalada, quando a ansiedade virou insônia ou quando os relacionamentos já implodiram. Mas a verdade é que a terapia funciona muito melhor quando há prevenção, e não só como contenção de danos.

Se você aprende a identificar padrões nocivos antes que eles dominem sua vida, se aprende a entender suas emoções antes que elas o façam refém, você se protege de dores evitáveis.

Até mesmo porque ainda existe, infelizmente, quem ache que tudo o que tem é trauma e que o vê como uma cena de filme. Algo claro, nítido, com uma memória exata de um evento doloroso do passado. Mas a verdade é que o trauma nem sempre vem com legenda.

CONVERSAR COM VOCÊ É MINHA TERAPIA, AMIGA.
NÃO É NÃO! TRATE DE PROCURAR UM TERAPEUTA URGENTE!
CAROL ITO

Às vezes, ele não aparece como uma lembrança explícita e armazenado no inconsciente, mas sim como comportamento.

Está na forma como você se defende sem motivo, como evita certos lugares ou pessoas, na necessidade de controle, no medo irracional de abandono. O trauma muitas vezes não grita, ele sussurra no seu ouvido, no dia a dia, nas pequenas decisões. E adivinha o que pode ajudar? Isso mesmo, terapia.

Mas olha aqui, não vá para a sessão achando que será a próxima Branca de Neve cantando com os pássaros, porque, no outro extremo, há aqueles que romantizam a terapia. Acham que é um lugar de acolhimento eterno, de onde você sai toda sessão se sentindo mais leve e sorrindo. Mas sinto muito decepcionar, princesa da Disney: terapia incomoda.

Nem sempre será confortável. Haverá dias em que você sairá da sessão questionando tudo, sentindo que está mais confuso do que quando entrou. Mas essa confusão faz parte da construção. Porque mudar eu sei que dói, mas ficar preso no que machuca dói também, então se vira.

Agora, se depois de tudo isso você ainda acha que não precisa de terapia... talvez seja exatamente essa a questão a ser levantada da próxima vez que você optar por "tentar" uma nova consulta.

# CAPÍTULO FINAL: EMOÇÕES SÃO OSCILANTES, NÃO LINEARES

Se tem uma coisa que eu aprendi enquanto escrevia este livro, é que nunca estaremos completamente prontos. Nunca haverá aquele momento ideal, em que tudo está perfeitamente alinhado, as emoções estão em equilíbrio, o cenário ao redor é impecável.

O primeiro passo para qualquer mudança significativa na nossa vida parte da decisão.

Primeiro a gente decide, depois vê como faz.

Esperamos demais. Esperamos sentir menos medo, estar mais felizes, a vida ficar mais calma. Mas, no fim das contas, a vida não nos espera.

Este livro foi escrito no meio do caos, da paz e da descoberta. O cara que escreveu as primeiras

O PRIMEIRO PASSO PARA QUALQUER MUDANÇA SIGNIFICATIVA NA NOSSA VIDA PARTE DA DECISÃO.

páginas não é o mesmo que escreve estas. Fui tantos em quem eu sou que acho que é por isso que o livro parece tão didático e amplo. É como se vários de mim tivessem emergido num tempo para falar o que viam, sentiam e observavam.

Aqui, escrevi em meio a momentos que eu nem imaginava que fariam parte da minha história. Entre crises de ansiedade dentro de casa e gargalhadas no sofá com meus amigos. Entre um insight num treino na academia e um entardecer no Ibirapuera. Gostando de um novo boy e me decepcionando na sequência. Entre um bloco de Carnaval em Salvador e uma mudança de estado decidida em menos de trinta dias. Entre uma briga boba na internet por causa de uma banheira e a notícia da morte de alguém que fazia parte da minha história.

Eu escrevi este livro vivendo.

E viver não é incomplexo. Achamos que é preciso estar em paz para começar algo importante, que é preciso estar feliz para fazer uma escolha, que é preciso estar forte para encarar uma mudança. Mas a verdade é que, muitas vezes, é no meio do turbilhão que a gente se movimenta. Não porque escolheu, mas porque a vida não nos deu outra opção e estamos atentos.

NÃO ESPERE TUDO
ESTAR EM ORDEM
PARA (RE)COMEÇAR.
CAROL ITO

Eu poderia ter esperado a fase perfeita para escrever estas páginas. Poderia ter adiado até estar mais tranquilo, mais estável, mais seguro. Mas talvez este livro nunca existisse. Talvez eu ainda estivesse esperando o momento certo, sem perceber que ele nunca chegaria.

E é exatamente isso que eu quero deixar para você agora, quase no fim desta leitura: não espere. Não espere a dor passar para sentir alegria. Não espere a dúvida sumir para tomar uma decisão. Não espere tudo estar em ordem para (re)começar.

Porque a vida não acontece na ocasião ideal. A vida acontece agora, toda hora. No meio da bagunça, do imprevisto, das emoções confusas.

E se tem uma coisa que eu espero que este livro tenha lhe ensinado é que você não precisa de um cenário perfeito para ser quem você é. Você só precisa ser.

Porque, convenhamos, quem fica esperando o cenário excepcional só coleciona desculpas mal justificadas e uma vidinha bem mais ou menos para contar de história.

E, sinceramente, você não quer isso, né? Ah, tá! Ainda bem!

# AGRADECIMENTOS

Primeiro, minha gratidão àquilo em que acredito para além do que vemos, minha espiritualidade e a oportunidade de estar aqui mais uma vez, neste plano, compartilhando o que aprendi e podendo entregar como herança ao mundo a minha forma de olhar para ele. Meu desempenho artístico, existente desde a infância e complexo por natureza, por vezes até controverso, mas sempre questionador, impulsionado pela constante busca de entender a mim mesmo e os espaços que ocupava. A chance de poder dividir a minha visão com os demais e ajudar as pessoas de alguma forma me orgulha profundamente.

À minha mãe, Idinéia, o meu segundo agradecimento – ela é o alicerce do que sou. Mesmo na escassez, com o pouco que tinha, além de ter que lidar com todas as suas internalidades, ela se dedicou ao máximo para sustentar duas crianças, muitas vezes enfrentando dificuldades constantes, mas sem nunca desistir. Ela me ensinou o valor da perseverança e a força de encontrar soluções diante dos obstáculos. Foi quem me disse: "A gente não tem isso ainda, mas podemos batalhar para ter um dia". E, mãe, agora temos. Eu sou eternamente grato por tudo o que você fez por mim e pela nossa família. Você é a minha maior referência de coragem.

Agradeço também à minha irmã, Tais, uma mulher incrível, com um olhar singular sobre as coisas. Tem o dom de transformar tudo em arte. E estrategicamente fez disso sua profissão. A cumplicidade que sempre tivemos, mesmo agora, com a vida adulta, continua sendo uma fonte de recarga e apoio. As nossas conversas, sempre cheias de um carinho bruto, que nós entendemos, foram um lembrete do que é crescer junto, se alimentar e se fortalecer mutuamente, impulsionando um ao outro. Sua firmeza, sua visão e seu trabalho me inspiram todos os dias.

À minha avó, Maria Isabel, a minha primeira referência de sabedoria. Ela me ensinou, de forma silenciosa, o que é fazer psicologia na prática, usando a própria história como ferramenta. Seu amor e seus ensinamentos estão comigo até hoje, me guiando em minhas decisões e na minha maneira de me relacionar com os outros.

Aos meus amigos, tão diversos e autênticos, que me fazem continuar tendo a audácia de ser eu mesmo e vibram com as minhas conquistas como se fossem as deles, especialmente minha amiga Samantha, que faz questão de constantemente me lembrar do valor que enxerga em mim, e Camila, que algumas vezes me trouxe de volta quando eu me perdi na dúvida de quem eu realmente era, tendo me conhecido em diversas fases e permanecido em todas. A ela também por ter sido a primeira leitora deste livro, tendo ouvido cada capítulo em primeira mão. A vibração por cada trecho compartilhado era combustível para eu seguir escrevendo. Por isso e tanto mais, sou imensamente grato por ter esse círculo de amizades que encontrei no decorrer de nossas vivências e por termos nos conectado magneticamente.

Aos meus três filhos caninos, Frederico, Berenice e Maya Regina, que foram as minhas principais fontes de amor físico durante toda a escrita. Eles estiveram ao meu lado, me lembrando de quando era hora de parar, dar um respiro, um passeio na rua e voltar a usar a criatividade só mais tarde. O carinho deles me deu forças e me lembrou de que amor e companhia são essenciais para continuar qualquer jornada desafiadora.

À Editora Planeta e todo o cuidado que recebi da equipe, que me deixou extremamente à vontade para criar e ser quem eu sou. Agradeço por essa possibilidade de ampliar essa ideia e por todo o aprendizado que ela nos trará.

A todos vocês que já me acompanham nas redes sociais, que confiam no meu olhar, nas minhas palavras e na minha forma de enxergar essa realidade que aparece para mim enquanto sujeito. Obrigado às mais de 1 milhão de pessoas que me dão a honra de ser ouvido.

Por fim, a todas as pessoas que passaram pela minha vida. Aos amores que não ficaram, mas que, cada um à sua maneira, me ensinaram algo importante, mesmo que fosse o que não ser.

A todas as bagagens que, por não estar desatento, consegui ressignificar e usar como preparação para este momento, em que escrevo nestas páginas a análise da vida que vivi até a entrega dos originais.

E a você que chegou até aqui, de coração, meu muito obrigado.

Com amor, um beijo do tio Math.

**Acreditamos nos livros**

Este livro foi composto em Pinesong Sans e impresso pela Lis Gráfica para a Editora Planeta do Brasil em setembro de 2025.